虚拟生态
2025的元宇宙

메타버스 트렌드 2025

[韩] 沈载宇（심재우）◎著　熊紫月◎译

中国出版集团
中译出版社

图书在版编目（CIP）数据

虚拟生态：2025 的元宇宙 /（韩）沈载宇著；熊紫月译. -- 北京：中译出版社，2022.9
ISBN 978-7-5001-7128-7

Ⅰ.①虚… Ⅱ.①沈…②熊… Ⅲ.①信息经济 Ⅳ.① F49

中国版本图书馆 CIP 数据核字 (2022) 第 112237 号

北京市版权局著作权合同登记号
图字：01-2022-0440

메타버스 트렌드 2025 (Metaverse Trend 2025)
Copyright © 2021 by Shim Jae woo
All rights reserved.
Simplified Chinese copyright © 2022 by China Translation &Publishing House
Simplified Chinese language edition is published by arrangement with Glider press through 連亞國際文化傳播公司

虚拟生态：2025 的元宇宙
XUNI SHENGTAI: 2025 DE YUANYUZHOU

出版发行：中译出版社
地　　址：北京市西城区新街口外大街 28 号普天德胜大厦主楼 4 层
电　　话：010-68359719
邮　　编：100088
电子邮箱：book@ctph.com.cn
网　　址：www.ctph.com.cn

策划编辑：刘香玲　张　旭
责任编辑：刘香玲　张　旭
文字编辑：赵浠彤　林　姣
营销编辑：毕竞方　刘子嘉
版权支持：马燕琦　王立萌　王少甫

排　　版：冯　兴
印　　刷：中煤（北京）印务有限公司
经　　销：新华书店
规　　格：710mm×1000mm　1/16
印　　张：14.5
字　　数：210 千字
版　　次：2022 年 9 月第 1 版
印　　次：2022 年 9 月第 1 次

ISBN 978-7-5001-7128-7　　定价：69.00 元

版权所有　侵权必究
中　译　出　版　社

前　言

新冠肺炎疫情让原本只存在于小说或科幻电影中的虚拟世界和非面对面的接触方式变为现实。适应网络虚拟世界及身处其中的工作方式已经不再是选择，而是必须。

虽然以前也有线上非接触式的沟通协商，但都是作为辅助手段。因此，对其不熟悉的人会尽可能地避免使用或被迫使用线上方式进行沟通，这样一来线上方式无法得到内在的自身发展，普及速度也十分缓慢。随着新冠肺炎疫情的持续扩散，感染患者数不断上升，人们必须遵守政府实施的社交距离管控和禁止聚会等防疫措施。各个组织和企业必须实施居家办公，因此，非接触式办公和线上协作一时间变成了标准化的业务处理方式，全世界的人们就像同时搭上了一趟时光机，瞬间移动到了未来的某个时间点。

为了提高工作效率和生产率，大约从10年前人们开始引入智慧办公，几年前开始向远程办公发展。企业为了提高工作效率、节约费用，更主动地引进了远程办公的工作方式。

连接虚拟和现实两个世界，开辟新次元、提供全新体验的元宇宙时代正迅速向我们走来。事实上，元宇宙并不是一个完全陌生的概念。我们所了解的虚拟现实（Virtual Reality，以下简称VR）和增强现实（Augmented Reality，以下简称AR）就是元宇宙中的一部分，元宇宙是一个更大的概念。在此基础上，元宇宙还融合了全息影像技术。随着虚拟世界和现实世界相互作用、联动，通过各种社会、经济、文化活动，在元宇宙中能创造出新的价值。结合区块链和NFT

技术，即使在虚拟世界中，也能进行经济活动和交易。

因为元宇宙指的是三维虚拟世界，所以也可以把它看作是和VR类似的概念。VR和元宇宙最大的差别是实时连接。VR虽然是一个和现实世界极度相似的三维环境，却与现实世界完全割离，而元宇宙可以与现实世界实时连接，人们在现实世界中的行为在虚拟世界中都能进行。通过在虚拟世界里代替用户的化身（Avatar），人们可以在虚拟空间中像现实世界一样和朋友见面、购物、旅行，还可以和他人一起开会，协商合作。

到目前为止，VR广泛应用于游戏和娱乐领域，但用户选择权受限，自由度也处于较低水平。而元宇宙将现实世界扩张到VR和AR，并将其中产生的成果重新带到现实世界。在元宇宙里，现实世界的用户通过3D空间的化身进行联动，能够进行自主活动，拥有非常高的自由度。现有的VR主要是以供应商为中心，即供应商提供项目或选项，以供用户进行选择；但在元宇宙中，就转变为以用户自行开发、制作、销售内容和项目为中心的生态系统。

将与VR有关的数字技术进行比较，它们的特点如下：

> AR：同时作用于现实世界和虚拟世界，是使物理空间和虚拟空间重叠的技术。用户可以在现实空间中使用增强现实提供的信息或数据。
>
> **用户角色**：第三观察者视角。
>
> **用户自由度**：低。
>
> **智能设备**：谷歌智能眼镜、智能手机等。

VR：就像游戏或娱乐项目一样，用来展现虚拟世界，以用户（玩家）为主体。用户在 VR 开发者提供的选项或版本中进行选择和使用，自由度受限。其适用于个人游戏或娱乐。

用户角色：在 VR 游戏世界里是主角，在 VR 娱乐体验中是第三观察者视角。

用户自由度：中。

智能设备：Facebook Oculus Quest 2 等。

数字孪生（Digital Twin）：将现实世界中物理个体的现象和动作转移到虚拟世界。该技术在虚拟世界中，设定并模拟各种情况和条件，用于物理个体的最优管理、运营、改良和完善等。为了与镜像画面上对应的物理个体实现交互，在这个过程当中，人们可以进行控制或介入，但基本是以现实和虚拟之间的孪生（Twin）动作模型为基础和中心。

用户角色：第三观察者视角。

用户自由度：低。

扩展现实（Extended Reality）：是指能够实现和现实世界相同的社会、经济、文化活动的三维虚拟世界，是包括 VR、AR 和全息影像的扩张概念。

用户角色：通过化身进行自主、自由地交流和行动。

用户自由度：高。

智能设备：HMD（头戴式显示器），MS（微软）全息透镜。

元宇宙目前还没有一个明确的定义。每个人根据自己的想法和观点，对元宇宙的定义都有所不同。如果想实现元宇宙，需要满足以下条件：

① **随时连接性**：能够随时随地地实时连接上网络、云和无线通信。

② **交互和社会性**：打造成为各种用户共同参与、实现交互、进行交流的平台。

③ **现实和虚拟的融合**：实时联动并连接现实世界和虚拟世界。体验跨越现实和虚拟的感受，具有实时性。

④ **化身**：代替或代表用户的本体存在于虚拟世界里。

⑤ **3D 互联网**：3D 立体空间取代 2D 平面，通过增强现实的方式对内容进行展现。

⑥ **设备依赖性**：需要通过 AR 设备——HMD 或智能眼镜，接入并参与到虚拟世界中。这些设备重量轻，使用起来没有负担；处理迅速，不会中断；搭载高分辨率三维画面的半导体、显示器和光学技术。另外，可穿戴设备内置小型电脑和系统，因此单机就能实现操作使用，不需要通过电缆与外部电脑连接。

⑦ **经济系统**：在元宇宙里，有可以进行经济活动的系统。像 Decentraland 这样的虚拟房地产就是很好的例子。

⑧ **生产系统**：元宇宙不只停留在用户或消费者层面，人们在其中还可以创造、使用属于自己的内容，并创造经济收益。

元宇宙将给人们带来什么呢？

无论元宇宙有多好，如果不能为用户带来利益或好处，就会成为无用之物。因此，元宇宙必须能提供以下内容：

① **趣味**：要像游戏或娱乐那样让人感受到趣味。

② **联系感**：多用户相互作用，感受到社会联系感。

③ **归属感**：多用户共同参与，感受到大家属于一个有机的整体。

④ **便利性**：用户在元宇宙当中活动要感受到便利性。

⑤ **经济性**：要有事业机会且要能够创造收益，企业或组织要能够节省费用和投资。

⑥ **生产性**：在和其他用户举行会议、协商合作、推进工作或项目时，元宇宙能提高效率和生产力。

⑦ **新体验**：用户要有一个全新、复合的体验。需要给用户极强的现实体验感，使其毫不排斥地沉浸其中。

《少数派报告》(*Minority Report*)、《钢铁侠》(*Iron Man*)、《黑客帝国》(*The Matrix*)等科幻电影，或小说、动漫等所描写的未来都是编造出来的、经过加工处理的世界。这里所展现的世界都是元宇宙世界。现实中我们所谈论的元宇宙并不是一个捏造的世界，而是实际启动并存在的世界。由于软硬件技术的发展，电影中的虚构世界也变为了现实。在第三章介绍的元宇宙应用案例中，将包括ZEPETO、Gather Town、Alike、ifland、Spatial等，这些都是在现实中存在的元宇宙。

实现元宇宙需要四大要素。只有这些要素均衡发展，且达到一定的水平，元宇宙才能正常运转。四大要素分别是指内容（Contents）、平台（Platform）、网络（Network）、设备（Device），简称CPND。内容指的是游戏、娱乐、商业或合作。平台指的是启动元宇宙的计算和系统。网络指的是无线通信系统。设备指的是接入或加入三维增强现实的 HMD 眼镜或智能眼镜（包括全息眼镜）。四大要素中最重要且最有力的关键是平台。掌握平台的人，将掌握元宇宙世界。

目前，支配移动平台的有苹果的 iOS 系统和谷歌的安卓系统；个人计算机（PC）平台由微软的 Windows 系统和苹果 macOS 系统所支配；检索平台主要是谷歌；社交平台主要由 Facebook 和 Instagram 掌控；视频平台则由谷歌和 YouTube 所掌控。目前还没有支配元宇宙的平台。围绕平台主导权的竞争正在跨国企业之间激烈地展开。

元宇宙是实现现实中社会、经济、文化、教育等活动的三维虚拟世界。在虚拟世界中建立一个化身代替自己，成为所有活动的主体并参与各种活动。

元宇宙的终点在哪里

跨国企业是开发和引领元宇宙技术和元宇宙产业化模型的主体。尚未浮出水面的元宇宙突然间跃升为第四次工业革命技术的领头羊。美国高德纳公司每年发布的"技术成熟度曲线"（Hype Cycle）反映了第四次工业革命技术的诞生、发展和尖端化的过程。如果仔细分析每年发布的技术成熟度曲线，就可以了解什么技术被开发、哪些处于发展前沿、什么处于技术顶点。根据 2020 年技术成熟度曲线分析，目前处在最高峰的技术是伴随新冠肺炎疫情产生的保持社交距离技术（Social Distancing Technologies），曲线最高点左侧的上半部分是 2021 年有望成为尖端技术的候选项，大部分都与人工智能相关。

与元宇宙相关的工作岗位也正在发生许多变化。不仅仅是开发元宇宙相关软件的人才需求增多，硬件领域的人才需求以及人才培养也将增加。谷歌、苹果、Meta、三星电子等公司正在积极开发将人们和元宇宙连接在一起的AR眼镜或HMD。未来，人们与元宇宙的连接将超越个人电脑、移动端、控制台，通过各种数字设备实现连接。

新的工作岗位也在不断涌现，其中最具代表性的是与现实世界完全一样的数字孪生专家以及将现实世界用户打造成虚拟世界化身的化身开发人员、化身设计师。如果将元宇宙完全融入日常生活，人们即使不直接去现实的物理空间或场所，也能通过元宇宙解决各种事情。最具代表性的案例是房地产交易：原本需要直接去现场确认，而在元宇宙时代，人们可以直接连接到虚拟空间进行观看和确认。将现实打造并设计成元宇宙内部空间的数字孪生相关技术人员以及化身相关领域的需求急速上升。在元宇宙当中创造收益的方法将在第四章进行介绍。

跨国咨询企业PWC预测，元宇宙市场规模将从2019年的455亿美元[①]增长到2030年的1.59万亿美元，这将成为目前正在进行的商业活动中增长最快的蓝筹股。未来，元宇宙还会有更大的发展潜力和无限的商业机会。

与元宇宙商业相关的产业或领域可以进行元宇宙平台的开发及运营、内容开发及供应、软件和数据库的开发及供应。

被通过电影介绍给大众之后，元宇宙首先应用于现实的游戏产业，《罗布乐思》（Roblox）是最具代表性的例子。从《罗布乐思》的销售额和用户趋势图来看，2018年只有1 200万名用户，销售额为

---

① 根据中国银行2022年7月15日外汇折算价，1人民币≈0.15美元。

（译者注）

3 638亿韩元①，但仅仅3年时间，就增加了3—4倍。

《罗布乐思》如此受欢迎的关键就在于用户能在网上不受任何限制地与人见面。还有一点就是用户在其中不仅可以消费，甚至还能够创造收益。由于这种快速增长，近期投资美国股市的韩国散户们净买入量最多的股票就是罗布乐思。

在现实当中，同时进行游戏和娱乐是几乎不可能实现的事情。但在元宇宙里一切都成为可能。游戏和娱乐融合的案例有许多，在游戏《堡垒之夜》（Fortnite）中，某男团利用皇家派对功能公开了新歌的MV。全世界众多粉丝都聚集在元宇宙里，一起欣赏演出。

还有现实世界中的人气女团和虚拟人相结合的案例。受到青少年喜爱的女子组合（4人）——Aespa在元宇宙中重新诞生成为8人组合。该组合由现实世界中的4名成员和虚拟世界中的4名成员组成。成年人大概不会关心这些像漫画人物一样、并非实际存在的虚拟艺人，但是青少年却并非如此，他们非常热衷于这种概念。比起是不是真人，他们更重视艺人能否与自己进行感情交流和沟通，并将其视为更重要的价值。由于这种变化，在女子组合品牌评价调查问卷（以2021年7月为准）中，Aespa超过人气女团BraveGirls和Blackpink，跃居第一。

虚拟人的开端始于1998年出道的网络虚拟歌手Adam，在发行《世上没有的爱情》出道后，唱片销量达到20万张。

由于受到技术限制，当时维持和管理Adam的费用甚至超过了收入。近年来，随着技术的发展，虚拟现实变为可能，从而开启了将实

---

① 根据中国银行2022年7月15日外汇折算价，1人民币≈195.12韩元。（译者注）

际存在的人物打造成虚拟人物的时代。

拥有超过 300 万名 Instagram 粉丝的 Lil Miquela 与香奈儿、Prada 等品牌进行合作，同时担任时尚杂志 *VOGUE* 的封面模特，还发行了单曲，在全世界都具有很高的人气。但她并不是人类，而是一个虚拟网红。随着 3D 图像和人工智能技术的结合，网红产业正在不断向虚拟人方向进化。像这样的虚拟网红，其身后有制作她的样貌、形象和视频的团队。LG 电子在 2021 年推出的虚拟人"金来儿"通过 7 万次的动作捕捉，能够自然地表现出人类真实的表情和动作。在此基础上，团队又利用人工智能深度学习技术制造声音，使其能够自然地说话。

下一代的主角——Z 世代和 Alpha 一代对虚拟明星产生了共鸣，十分狂热，正在成为与虚拟人沟通、生活的新人类。他们不区分现实和虚拟，将虚拟世界视作现实世界的一部分，积极地进行交流和使用。

高德纳公司每年会将战略技术趋势与技术成熟度曲线一同发布，以下是 2021 年的技术趋势：

第一个趋势是"以人为中心"。到目前为止，利用事物之间的信息和数据进行交换、收集、分析结果的物联网（IoT）已经崛起。在未来，通过监测、分析人们生活和活动的所有信息，提供差异化体验的企业或产品才能生存下来。因此，行为互联网（IoB）、综合体验和与此相关的个人信息保护技术被选中。

第二个趋势是"位置独立性"，选定了普适、云和安全。

第三个趋势是"恢复弹性"，是以人工智能为基础，融合到商业的智能和机器人的超自动化技术。

笔者对第四次工业革命技术非常关注，正在不断学习，同时研究并开发新技术，因此获得了很多关于利用大数据、物联网、云等的技术和服务开发后进入市场的经验。图 0-1 是笔者研究和从事的汽车开发相关内容，早在 40 年前数字孪生技术就得到了使用。而"数字孪生"一词首次出现是在 20 年前，也就是 2002 年，美国通用电气首次提出了这个概念。

但是，高德纳公司分析发布的资料中，却不见元宇宙的踪影。难道高德纳公司是因为不知道元宇宙，才将其排除在外的吗？

在虚拟世界中执行计算机建模和结构分析模拟（数字孪生概念）

将虚拟世界中找到的最佳设计解决方案应用到现实世界中开发新车

在新汽车的开发过程当中，通过电脑建模和结构分析模拟找到最佳设计条件后，将其体现在设计上，制造量产车并进入市场

图 0-1　数字孪生技术与汽车制造

第一，元宇宙不是单靠一种技术构成的，而是多种技术的连接和融合。例如 AR、VR、全息图、5G、人工智能、云、社交平台、区块链、数字孪生等，但是技术成熟度曲线只标记一种技术。因此不能因为元宇宙尚且只属于初期技术或没有在技术成熟度曲线上被标记而忽视其存在，我们应该全面分析与元宇宙相关的技术处于什么阶段。从过去发布的技术成熟度曲线来看，包括在元宇宙内的技术已经超过

了顶点。也就是说，技术得到了尖端化发展。

第二，技术成熟度曲线不是以融复合技术为对象，而是只针对一种技术，即使有所遗漏，也本应该出现在一同发表的战略技术趋势当中，但在战略技术趋势中也不见其踪影。也就是说，元宇宙虽然是未来崛起的领域，但目前还不是主要领域。

元宇宙并不是一个新概念、新技术。距离 1992 年这一概念在小说中首次问世，已经过去了 30 年，元宇宙使用的技术是将已经出现的多种技术进行连接和融合。元宇宙为什么突然之间就成为热议话题，并进入人们的视线呢？元宇宙又是为什么以如此之快的速度得以传播呢？

如果要说明这一点，就要了解周边技术的种类及其发展历史。元宇宙是连接现实世界与虚拟世界的概念。

如果想让其变为可能，需要下面所有的技术：能够监控周围情况并数字化的小而精密的传感器、制作精巧影像的图像技术、能够实时对复杂的 3D 模型进行渲染的电脑性能和软件、以低延迟速度快速传送大容量数据的通信技术、处理所收集的大量数据的大数据技术、储存和处理这些数据的服务器和云，以及支持以上所有内容的人工智能技术，这些都是构建元宇宙所必需的技术。在过去一段时间，这些技术并没有得到均衡发展，所有技术都没能超过一定水平的引爆点。最近，这些技术都越过了引爆点，使得元宇宙的实现变为可能。

据说，元宇宙将成为三维网络或复合世界的移动端。还记得曾经引发关注的 3D 电视吗？在电影《阿凡达》（*Avatar*）上映后，人们对 3D 十分关注，3D 电视也曾一度进入市场，但最后却失败了。失败的主要原因是缺乏受欢迎的 3D 内容，没能超过 3D 内容的引爆点。但是现在所有关于元宇宙的技术和要素都超过了引爆点，因此产生了元宇宙大爆炸。

本书将着眼于元宇宙生态系统、平台、商务、技术的发展趋势，提供综合展望和洞察元宇宙大爆炸的现在与未来的机会。本书的七个章节，将依次带领读者认识并了解元宇宙。

第一章主要介绍元宇宙的概念和元宇宙受 MZ 世代欢迎的理由和背景；第二章介绍的是元宇宙技术的现在和未来；第三章列举了元宇宙的各种应用案例；第四章说明在元宇宙中创造收益的方法；第五章对元宇宙的未来进行展望，相关平台、硬件、软件、企业和个人的未来将发生怎样的变化，又应该做好什么准备，这部分笔者将基于自身经验和分析提出建议；第六章讨论构建元宇宙平台生态系统和虚拟办公系统的方法；第七章介绍元宇宙在商业领域应用及实施需要的几种力量及培养方法。

本书的不同之处在于，它不只停留于介绍元宇宙的概念、技术和案例，还分析并提出元宇宙应用于商业所需要的能力的开发战略、方向及方法。希望本书能够成为元宇宙时代的指南，让所有准备生活在元宇宙时代的人能更好地理解元宇宙，做好准备。

沈载宇

目录

Understand：理解元宇宙

01	数字世界的进化过程	002
02	数字变革与元宇宙	024
03	元宇宙吸引 MZ 世代的原因	032
04	元宇宙的虚拟人	037

Analyze：分析元宇宙技术的现在和未来

01	软、硬件技术	046
02	元宇宙的未来——数字孪生	051
03	涌入元宇宙的企业	057

Study：学习元宇宙应用案例

01　MZ 世代的游乐场——ZEPETO	066
02　改变工作方式的元宇宙办公室——Gather Town	068
03　元宇宙会议和合作解决方案——Spatial 和 Glue	077
04　虚拟科学实验室——Labster	083
05　构建数字孪生解决方案——Naver Labs Alike	085
06　ZEPETO 的劲敌——SK 电信 ifland	088
07　应用于阿姆斯特丹运河的数字孪生	090
08　在现实中体验的虚拟运动	093

Gain：在元宇宙创造收益

01　在 ZEPETO 创造收益	096
02　在《罗布乐思》创造收益	101
03　在 Gather Town 创造收益	102
04　在 NFT 和虚拟房地产领域创造收益	104

Forecast：展望元宇宙的未来

01　元宇宙平台的未来　　　　　　　　　　　　　115
02　元宇宙硬件和软件的未来　　　　　　　　　　123
03　面对元宇宙时代，个人的未来　　　　　　　　127

Build：构建元宇宙合作系统

01　打造元宇宙平台生态系统　　　　　　　　　　134
02　打造元宇宙虚拟办公系统　　　　　　　　　　140

Develop：开发实现元宇宙的力量

01　转向无限虚拟办公的 7 种应对战略　　　　　　164

02	元宇宙无限虚拟办公室需要的 10 种人才	168
03	复杂问题解决生态系统的构建方法	176
04	有效举行线上会议的方法	193
05	非面对面的沟通领导力	200

第1章

Understand

理解元宇宙

01　数字世界的进化过程

　　元宇宙这一概念诞生于 1992 年尼尔·斯蒂芬森（Neal Stephenson）的小说《雪崩》（*Snow Crash*），小说描绘了一个庞大的虚拟世界。通过 VR 眼镜在左右眼前呈现有细微差别的图像，形成三维影像。每秒播放 72 幅这样的三维影像，形成动画。将这个三维动画每一帧都以 2 000 像素的分辨率播放，就能呈现视觉极限上最清晰的图像。在耳机里接入立体声数码音响，使三维动画完美地具备现实音轨。用户戴上 VR 眼镜和耳机就能进入由计算机打造的虚拟世界，这个虚拟世界被称为"元宇宙"。

　　《雪崩》详细解释了元宇宙的技术基础。在小说中，用户可以通过视听追踪装置（VR 眼镜和耳机）进入元宇宙。他们在元宇宙里开发建筑，建造公园，竖立广告牌。除此之外，在元宇宙世界里还有许多现实世界中不存在的事物。例如，在空中四处分布的照明灯、不受时空规律限制的特殊地区、互相搜索猎杀的自由战斗地区。如果要说元宇宙和现实世界有什么不同，那就是它并不是在物理层面上建造的。因为元宇宙并非实际存在的世界，所以小说中的"The Street"只是写在纸上的计算机图形学协议，这些都只是通过光纤网络向全世界开放的软件碎片而已。在元宇宙里，经济和社会活动以与现实世界相似的形式展开。

　　以上是元宇宙概念鼻祖——尼尔·斯蒂芬森在小说中对它的定

第1章 Understand：理解元宇宙

义。30年后的今天，我们所接触和理解的元宇宙与这并无太大的区别。

小说《雪崩》中的主人公宏是一名混血儿。在虚拟世界元宇宙中，他是一名出色的黑客和日本武士；而在现实世界中，他为了还债，成了一名为黑手党送比萨的快递员，是一个平平无奇的小人物。某一天，他发现了一种在元宇宙内传播的新型毒品——"雪崩"，这种药物会对虚拟空间中化身的主人，即现实世界用户的大脑造成致命伤害。在他调查"雪崩"实体的过程中，遭遇了巨大的幕后势力。

和互联网一同诞生的新世界正依靠之后出现的新技术不断进化。此前的互联网只能在计算机上使用，因此其移动自由度受限。随着智能手机的问世，一个全新的世界诞生了。智能手机提供了携带和移动两种区别于过去互联网设备的特点，开辟了真正意义上的无处不在（随时随地连接和存在的意思）。智能手机内置摄像头、GPS、无线通信、传感器等设备，功能不断升级，适用范围也迅速扩展到PC设备无法企及的领域。

AR，即增强现实，是在现实世界中加入一个人工制造的世界，换句话说就是"经过打造的世界"。要想将其实现，需要在人们所看到的现实世界之上加入虚拟世界。智能手机的摄像头和液晶屏幕都提供了这样的增强现实。如果只是短暂使用，那么智能手机就已经足够了，但如果需要长时间使用，那么使用手上的智能手机就会感到不便，因此智能眼镜被开发出来。但是，由于其应用的许多技术造成了一定危害，有些涉及法律问题，因此从市场上消失了。谷歌开发的谷歌眼镜虽然是为实现AR而开发的硬件，但由于搭载摄像头，卷入了侵犯肖像权的法律纷争，最终不得不停止生产。当然，除了在街道或室外拍摄不特定多数人的相机功能之外，谷歌眼镜在室内或有限的空间里会转换为使用 AR 的功能。例如，在修理结构复杂的设备或机器时，技术人员必须携带纸质印刷的修理手册，但经验不足或技术掌握不充分的人会把时间浪费在手册上。如果使用智能眼镜，摄像头就能够识别出设备发生故障的特定位置，并展示出修理的顺序和方法。没有经验的人也可以跟随步骤进行修理。今后智能眼镜的用途将朝着这个方向发展。

与智能眼镜不同，HMD 没有拍摄外部环境的摄像头，因此目前还没有引发法律问题，可以用其体验 AR 技术。

图画书就是一个运用 AR 技术的案例。孩子们如果在阅读有关恐龙的画册时，只是浏览印刷在书上的恐龙的样子，是无法了解恐龙是如何移动、会发出什么样的声音的，但如果在画册上使用手机应用程序，就可以通过 AR 观看更多有关恐龙的视频。孩子们就像是以电视或电影的方式观看恐龙一样。

如果想在大厦里租赁一间办公室，则需要从负责该大厦租赁的中介处获得相关信息。如果使用 AR 软件，在手机屏幕上就能显示要租用的办公室的位置、面积和价格信息等。即使不去中介所，也可以得到并利用需要的信息。

与 AR 不同，VR 与现实世界无关，是完全靠想象创造出的一个现实中不存在的世界，如网络游戏。在游戏中，世界是开发者想象创造出来的世界。AR 和 VR 都超越了时空的局限，是支持以各种形式进行连接、沟通、合作的实感型体验技术。

元宇宙被称为 VR 和 AR 相结合的虚拟增强现实，也被称为复杂现实（Complex Reality）或扩张现实（Extended Reality，以下简称

XR）。

2020年，随着电脑显卡制造商英伟达的CEO黄仁勋宣布："未来20年与科幻将没有什么不同，元宇宙的世界已经到来。"元宇宙这一词瞬间被世人所熟知。

元宇宙将开启一个与网络或游戏不同的世界，因此被称为互联网之后的世界，人工智能、AR、VR等相互融合的世界。元宇宙不同于以往的游戏世界，虽然它也包括游戏等虚拟世界，但是它提供全新的沟通、合作、经验和生产方式。

元宇宙与VR游戏不同之处在于"化身"这一要素。在以前的游戏中，出现了代替用户的角色，角色在面对虚拟敌人进行战斗时，不是自己被杀死，就是杀死对方，游戏角色的自由度非常低，可供角色进行选择的情况非常少，不能脱离游戏开发者在开发游戏时设定的范围。元宇宙与游戏不同，用户会拥有一个代替自己的虚拟化身。化身与用户实时连接，根据用户的选择或行动进行动作。用户自由度极高，元宇宙平台开发者不能随意限制用户（化身）的选择或行动，也不能进行有意的操纵。

在加入线上视频会议平台Zoom时，用户应该在线接入并实时参与。因此，需要展示、共享自己的面部画面。当然，也可以根据情况选择不将自己的面部画面展示给其他人。例如，某公司员工在居家办公用Zoom进行视频会议时，被要求必须打开摄像头露出面部。她就会化妆并且保持衣着整齐。在摄像机能拍摄到的地方，她也会清理干净，就像以前在办公室工作一样。全天进行线上视频工作，会过度暴露个人信息，还有被监视的不适感，有可能导致工作效率和生产效率有所下降。

如果使用元宇宙办公室，不用连续几个小时被摄像机拍到现实画面，员工可以利用化身摆脱隐私泄露和被监视的负担。在元宇宙办公室里，每个人都有各自的工位，上班时间可以去茶水间或休息室喝饮料（画面上是自己的化身在移动），在移动过程中遇到其他员工或移动到其他职员附近，如果距离较近，对方的脸就会自动出现在画面上，还可以听到对方的声音，可以进行沟通。短暂聊天后，再移动到要去的地点即可。在约定好的时间，也可以进入事先预定好的会议室参加会议。其他人看不到自己真实的面部，只能看到化身的移动，听到声音，因此让人感觉不到负担。当然，除了虚拟化身的动作之外，还可以同时看到参与者真实面部的像素画面。因为化身的存在，所以相比看到真实的面容，人们更关心自己和对方的化身在哪里、如何移动。也就是说，人们主要关心的对象从参与者的真实面部转移到虚拟化身，减轻了各自的负担，同时也提高了对元宇宙活动和参与的投入度。

连接元宇宙的方法有以下两种：一种是只使用个人计算机，通过网络连接元宇宙平台，另一种是使用HMD。后者还有许多有待解决的课题和问题，因此还停留在初期阶段，相关跨国企业正整合利用元宇宙所需的软件和硬件技术。

元宇宙将带来一个镜子世界或数字孪生世界。镜子世界是指复制真实景象和信息而形成的虚拟世界，例如谷歌推出的谷歌地图或Naver地图等。但是，它并没有办法百分之百完美地展现现实世界。

数字孪生是美国通用电气倡导的概念，即在电脑上制作一个现实事物的双胞胎，然后带入虚拟世界，用电脑模拟现实中可能发生的各种事情，并提前预测得出结果。这一技术是用软件按照现实事物的样子制作它的功能和动作，然后将其与现实世界的物理系统连接起来，使其看起来像双胞胎一样进行动作。数字孪生技术正在交通、环保能源、水资源管理、工厂制造以及成套设备技术等领域被广泛采用。

数字孪生是将现实世界按照原样进行100%还原体现的技术。例如，在建设和运营大型工厂时，最重要的是要提高工厂运营的效率，探索能够实现完全自动化的管理条件。这些无法随着工厂实际动工而进行，然而数字孪生技术可以在虚拟世界里打造一个与实际工厂的设计、结构和设备完全相同的虚拟工厂，在里面测试在现实世界可能遇到的所有情况。数字孪生的目的是找出工厂的最佳运营条件，并将其应用于实际工厂的管理和运营。将现实世界变成虚拟的数字孪生世界被称为建模（Modelling）；在数字孪生中输入多种条件或环境，寻找最佳启动条件等被称为模拟（Simulation）。

例如，在100层的超高层大厦里，有许多人活动在办公室、百货商店、住房等空间里。如果大厦的一处发生了火灾，在不知道避难路径或走错了路的情况下，就很有可能发生一起大型事故。在数字孪生世界里输入火灾发生的多种条件和环境，通过模拟寻找最佳的躲避途径和方法，在实际发生火灾时就可以灵活运用来逃生。

数字孪生被广泛应用于智慧城市、智慧工厂、航空发动机、大型船舶发动机等制造领域。

元宇宙是一个三维虚拟空间，在其中进行的社会活动、经济活动也可以应用到现实世界。用户可以在游戏等元宇宙服务中与其他用户或物体进行相互作用。

Naver凭借AR元宇宙服务"ZEPETO"，在元宇宙潮流中占据了重要地位，最近又推出了数字孪生解决方案"Alike"，在元宇宙市场上成为强者。Naver Labs 自主开发的 Alike，可以将现实世界像镜子映射一样在虚拟世界里建模，因此采用数字孪生技术的元宇宙生态系统将进一步升级和普及。

Alike 解决方案的核心是利用航天照片和人工智能，同时制作城市的 3D 模型、街景布局、HD 地图（高精密地图）等核心数据。例如，Naver Labs 以自身技术实力为基础，与首尔市一起构建并发布了首尔市全市总面积达 605 平方千米的 3D 模型。此外，还自行制作了首尔市总计 2092 千米的道路布局，并计划与首尔市一起打造并发布江南地区的 HD 地图。

为了实现庞大城市的数字孪生，研究人员目前正在发展同时使用航空照片和 MMS 数据的混合 HD 映射、精密测位技术、数据处理等多个领域的人工智能技术。根据非营利技术研究团体 ASF（Acceleration Studies Foundation）于 2007 年发布的《元宇宙路线图》，元宇宙主要有四种类型，分别为"增强现实"（AR）、"生命记录"（Lifelogging）、"镜子世界"（Mirror Worlds）和"虚拟世界"。

AR 是在现实空间中叠加用 2D 或 3D 呈现的虚拟物体的技术，在观看过程中可以给人更强的沉浸感。例如，用手机的应用程序拍摄一座大厦，画面上就会出现有关大厦的其他信息。

生命记录是截取、储存、描述事物和人们日常经验及信息的技术。用户用文字、影像、声音等截取日常生活中的瞬间，并将内容储存在服务器上加以整理后，与其他用户共享。这和社交平台的功能是一样的。

镜子世界是尽可能真实地反映现实世界的技术。谷歌地图收集了卫星所拍摄的全球照片，并在一定周期内进行更新，展现了时刻都在

第 1 章 Understand：理解元宇宙

发生变化的现实世界。

虚拟世界是用数字数据打造的与现实相似或完全不同的世界。

2016 年发布并大受欢迎的《精灵宝可梦 GO》属于 AR 游戏。经常作为元宇宙的典型案例而被提及的游戏平台《罗布乐思》可以归类为虚拟世界。将现实世界原封不动复制到虚拟世界的数字孪生则属于镜子世界。2021 年，韩国顺天乡大学在 ZEPETO 上举行了新生入学仪式，将举办入学仪式的学校操场打造成虚拟世界，这就是镜子世界被应用的案例。

Naver 正在打造多种类型的元宇宙世界以抢占市场。元宇宙平台 ZEPETO 利用 AR 和人工智能技术，将用户上传的照片制作成虚拟的 3D 化身。用户可以通过与自己长相相似的化身和其他用户进行沟通。

受新冠肺炎疫情影响，线上交流越发普遍，ZEPETO 成为 MZ 世代（1990—1995 年出生的 M 世代和 1995 年以后出生的 Z 世代的统称）的交流平台。目前，ZEPETO 全球用户已达到 2 亿人，其中 80% 以上是 10 多岁的青少年。

凭借 ZEPETO 在虚拟世界称霸的 Naver，为了抢占镜子世界和 AR 市场，推出了"Alike 解决方案"。近年来，随着各种类型的元宇宙不断融合与进化，Naver 直接或间接进军了多个领域，也同时在"后疫情时代"得到飞速发展。前面提到元宇宙的四种类型，到目前为止依然处于独立发展之中，但随着近年来各种类型之间相互作用，逐渐向复合形态的方向发展。检索门户网站的文本基础检索是向 Instagram 的图像基础检索和 YouTube 的视频基础检索方向发展，未来将发展为元宇宙的 3D 基础检索。

目前，企业、机关或个人的网站都采取的是从提供者制定和设计的菜单中进行选择的方式。这种情况下，用户没有自由，只能被动地进行搜索，使用被提供的功能。因为不是双向的互动，所以无法给用户带来更多的体验。未来，网站将会进化成为元宇宙式的网页。随着所有网站都实现与用户实时沟通，用户的选择权增多，用户在使用网站的过程中将占主导地位。关键是如何构建、开发元宇宙网站，以带给用户更好的体验，这将决定最后的胜负。

马克·扎克伯格：
"Meta 的最终目标是成为元宇宙领军企业。"

全世界的技术企业都将元宇宙视为未来的蓝海战略，正不断开发相关技术、推出各种服务，努力抢占市场。他们将元宇宙视为替代互联网和移动端的下一代技术和市场，正为此全力以赴。Meta（原来的 Facebook）也是其中之一。Meta 正在集中力量开发 VR、AR 设备，并推出了 Oculus Quest 2 等 VR 设备。Meta 之所以把公司命运系在与元宇宙相关的硬件开发上，是因为 Meta 不仅意在开发元宇宙设备，还要打造一个经营战略和企业文化都体现元宇宙的公司。扎克伯格表示，要把人们对 Meta 的印象从社交媒体企业转变为元宇宙企业。

扎克伯格说："从早上起床开始，一直到晚上睡觉前，人们进入元宇宙，在里面可以做任何想象得到的事情。"

2021 年 6 月，扎克伯格给员工们写了一封信，表示"今后 Facebook（那时还没有更名）将为元宇宙赋能"。也就是说，Meta 将不再是社交媒体企业，而是元宇宙企业。推进、并购的事业是为了打造元宇宙的蓝图。

第 1 章　Understand：理解元宇宙

扎克柏格非常看好元宇宙的未来，他表示："元宇宙是一个巨大的主题，就是下一张移动互联网。"被称为"元宇宙"的互联网，不仅可以让用户在里面观看内容，还可以在其中创造各种内容。

Meta 希望通过元宇宙实现即使在数字空间也能有像面对面对话一样的"真实感"。也就是说，在与朋友在线对话、聊天，举行视频会议、处理工作时，将会有更加真实的体验感。元宇宙的目标不是把互联网作为"看"的东西，而是带给用户"进入"互联网的体验，这被称为"实体互联网"（Embodied Internet）。目前，元宇宙相关的销售额只占 4%，无法立刻获得很多收益。尽管如此，扎克伯格仍在增加对元宇宙的投资，他将 20% 的员工投入元宇宙部门，Meta 的元宇宙战略核心是同时占领硬件和软件两大领域。2020 年 10 月上市的 Oculus Quest 2 虽然配置高端，但价格低廉，在一个季度内就销售了 100 万台以上。Meta 计划在此基础上构建由多种软件组成的生态系统，以吸引用户。

除了 VR 设备外，Meta 还在进行 AR 眼镜开发。该研究项目被称为"Project Aria"，其目的是收集音频和视频，帮助 Meta 将 AR 技术应用到眼镜上。

同时，Meta 也正在耗费大量心血开发、供应 Oculus Quest 2 里的优质软件，为此还开设了专门经营 VR 内容的 Oculus Quest Store，商店销售各种 VR 内容。50 多家销售额超过 86 万美元的企业和 6 家销售额超过 860 万美元的企业正活跃在元宇宙领域。

作为社交媒体企业，Meta 从 2019 年就开始开发以 VR 为基础的社交平台——Horizon。用户可以在 VR 空间通过控制化身，和朋友们进行交流，玩游戏，看电影。Horizon 将是《罗布乐思》《我的世界》

和 ZEPETO 的强力竞争者。

Infinite Office 是通过 Facebook Connect 发布的虚拟办公室解决方案。Infinite Office 在虚拟画面上提供用户需要的各种工作画面的三维空间，使用户能够在其中工作。它目前以 Oculus Browser 为基础，提供台式电脑一样的网页体验，不仅提供 VR 服务，还有实时确认周围实际情况的 AR 服务。

实际上，像这种没有显示器，利用 VR 和 AR，用 HMD 在虚拟空间打开多个显示器工作的虚拟办公室，只能在科幻电影中看到，目前依然没有变为现实。

其中的障碍因素之一就是输入环境。即使画面显示范围大，工作环境舒适，使用虚拟键盘输入也需要很多时间，因此需要现实的物理键盘。为了解决这一问题，Infinite Office 与罗技合作，将罗技 K830 等键盘对应集成到虚拟空间。Infinite Office 只能为 Oculus Quest 2 提供测试功能，将来有望成为元宇宙办公室最强有力的撒手锏。

2021 年 8 月中旬，在完成本书的初稿，整理稿件的过程中，我看到了美国广播公司 CBS 对扎克伯格的独家采访。在采访中，扎克伯格公开了正在开发的 Infinite Office 实体，并和女主持人一起佩戴 VR 设备——Oculus Quest 2，直接进行了远程视频采访。

扎克伯格首次公开的 Infinite Office 是提供 VR 会议服务的"Workrooms"。其三维化身的形象与实际人物相似，化身的行动和各种动作都非常流畅、自然。特别是在化身的发型和服装选择范围上非常广泛，所以可以将其与真人打造得十分相似。虽然是虚拟世界，但是带给用户一种和其他人坐在同一个现实空间里开会的感觉，它可以实现超强的沉浸式体验以及相互作用。扎克伯格宣布将 Meta 打造成元宇宙企业的宣言成为现实，开启了创新企业会议与工作、学校授课方式的元宇宙办公新篇章。

Meta 同时进军元宇宙软件和硬件领域主要有以下原因：

第一，出售电脑和手机的硬件设备，提供硬件设备中使用的各种软件，就像苹果掌握应用商店生态系统一样，Meta 希望掌握元宇宙生态系统（在虚拟世界中进行日常生活中的各种活动，如交流、工作、玩游戏、购物等）。

第二，用户同时也是生产者的双赢创作者经济是未来商业的核心。就像《罗布乐思》和 ZEPETO 一样，Meta 希望打造一个作品成为内容的创作者经济平台和生态系统。

第三，抢占集软件和硬件于一体的元宇宙生态系统，构建一个独立平台。因此，Meta 正在开发自行驱动 VR、AR 设备的元宇宙操作系统 Reality OS。现阶段，人们很容易把元宇宙单纯当作游戏的一个领域，但是元宇宙实际上为我们开启了一个超越游戏的新世界。Meta 将元宇宙视为继移动端之后即将到来的新计算环境，首先抢占元宇宙的意志非常坚定。

元宇宙与现在的互联网和游戏不同的是，它可以提供在既存的互联网空间中无法感受到的真实感、趣味性和沉浸感。元宇宙结合 VR 和 AR，给人们带来广范围和差别化的体验，使人们在线上的交互更加自然。元宇宙最大的优点是可以在住所或客厅沙发上，通过 AR、VR 或全息影像，与数百千米以外的人就像同处在一个场所一样举行会议、商议合作等。

就像新冠肺炎疫情让全世界所有人都戴着口罩生活一样，在它结束之后，也许所有人都会戴着 HMD 或 AR 眼镜在元宇宙中生活。

在元宇宙中，因为人们相处和谐，感觉就像实际待在一起一样，可以做各种事情，相互作用，就产生了新的职业、新的娱乐形态和市场。

下面将详细介绍引领数字技术的 VR、AR、混合现实（Mixed Reality，以下简称 MR）、全息透镜以及与 XR 相关的内容。

VR

　　VR虽然不是现实,但指的是由人工创造的、与现实相似的环境或情况。如果佩戴相关设备,用户眼前就会呈现一个与现实世界不同的新世界。通过"骗过"人们的感官,以提高沉浸感,使用户把虚拟世界当作现实世界,在气味、气候、速度等各种条件的作用下,再现了一个世界。在虚拟世界中,人们也可以自由地进行互动。

　　早期开发VR技术是用于开发战斗机、坦克等各种军事训练模拟机,以节约实际军事训练投入的费用。最初的VR设备是20世纪40年代美国空军和航空产业开发的飞行模拟机,它在第二次世界大战中完成了首次飞行模拟。1968 年，被称为"虚拟现实之父"的伊万·萨瑟兰（Ivan Sutherland）开发了头戴式显示器。

之后，虽然人们期待将其应用于教育、医疗等远程控制以及探测等科学领域，但是未能解决高昂的费用和技术兼容性等问题，最后该技术未能实现商用化。最近，谷歌推出的 VR 设备 Cardboard 是用硬纸板制作而成的，并且价格低廉，花费几十美元即可购买。用户将 VR 设备戴在头上，可以体验虚拟世界。

由于目前开发的技术十分有限，VR 只能提供视觉的体验。这是一种通过头戴式显示器，在用户眼前用显示屏展示新的影像来欺骗视觉的技术。五感中除视觉外的其他感觉都消失了，这会使得用户在虚拟世界的沉浸感受到限制。因此，针对其他感官的 VR 技术目前也在开发中。美国 VR 触感手套公司推出了一款智能手套。这款手套可以通过触觉感受到手抓住物体时的压力。韩国初创公司 TEGway 在"世界移动通信大会"（MWC）上展示了一台能够感受到视频当中冷热感觉的机器——"ThermoReal"。

VR 未能普及的原因主要有两个：一是技术的局限；二是高昂的价格。初期技术或产品上市时，用户的使用体验是发展的基础。而 VR 的入门门槛高，可供用户体验的内容少，这两点成为 VR 技术开发和市场扩张的绊脚石。

2019 年，有多种 HMD 设备上市，因此被称为 VR 扩散元年，随着众多企业进入市场，VR 的价格也在迅速下降。具有代表性的 VR 设备——Oculus Lift 的价格从 599 美元下调至 399 美元，HTC Vibe 的价格从 799 美元下调至 599 美元，许多价格低廉的 VR 设备也纷纷进入市场。得益于此，VR 设备的销量也在上升。

AR

AR 是指在现实世界的基础上添加虚拟世界中某样东西的技术。例如,把虚拟世界中的宝可梦放到现实世界的道路上游荡的游戏——《精灵宝可梦 GO》,在自己的样子上合成 3D 图像的相机应用程序等。这是一种用相机镜头将虚拟信息或对象添加到现实世界中,在现实生活中表现三维虚拟形象或信息的技术。

VR 完全脱离于现实,AR 却是在现实世界中融合虚拟世界的技术。AR 在现实的基础上添加虚拟的现实,费用低廉,也更容易实现。这与电影《钢铁侠》中穿着钢铁侠套装的托尼·斯塔克看到头盔前的画面后下达命令的场景是一样的。

AR 技术可能的应用场景:超市里自动计算并展示购物车里物品

价格的总和；驾驶过程中通过把一个虚拟的路标投射在前面的玻璃窗上，告知用户目的地的方向。

苹果公司CEO蒂姆·库克（Tim Cook）表示："就像一日三餐一样，AR体验将成为日常生活的一部分。"他强调了AR的潜力。苹果公司之所以全力进军这一领域，是因为AR与VR不同，它与现实相协调，因此苹果公司非常看好其今后的可能性。苹果公司收购了Prime Sense、Faceshift、Metaio等VR和AR相关公司，正在集中投资AR。苹果公司还在iPhone中增加了AR功能。其主要战略是将iPhone作为媒介，打造世界上最大的AR平台，抢占市场。苹果通过在iPhone 8和iPhone X上搭载A11仿生芯片，并加强相机等硬件性能，提供AR开发工具"ARKit"，让用户非常自然地接受了AR体验。

AR虽然很神奇，前期却被视为一项毫无用处的未来技术，随着元宇宙的出现，AR的发展有望加快步伐。

MR

MR，顾名思义即融合了带给用户沉浸式体验的 VR 以及具有现实体验的 AR 二者优点的技术。

VR 和 AR 各有优点和缺点。VR 虽然沉浸感很强，但脱离现实；AR 虽然是在现实的基础上增加虚拟信息，但由于用户可以观看和体验的画面大小有限，相对来说沉浸感会有所下降。MR 就是超越了 VR 和 AR 的局限，结合了两种技术优点的技术。MR 是融合现实世界和虚拟世界的技术。与完全依赖视觉的 VR 和 AR 不同，MR 接入听觉、触觉等人类的感觉，给用户提供一个无法区分现实还是虚拟，极具广泛性、沉浸感强的体验。

最近，MR 领域中具有代表性的公司 Magic Leap 发布了一段视频。在视频中，一座体育馆里出现了一条鲸鱼，引得小朋友们阵阵惊呼，该公司因为这段视频而备受关注。其发展潜力受到认可，也因此获得了来自谷歌和阿里巴巴等全球 IT 企业多达 14 亿美元的投资。

SR

替代现实（Substitutional Reality，以下简称 SR）是 VR 的延续，不需要硬件，可以广泛、自由地适用于各种智能设备。该技术是将现在和过去的影像进行混合，重新打造现实不存在的人物或事件，融合 VR 和认知脑科学，通过大脑刺激使用户无法分辨是否身处现实当中。

替代现实是改变人的认知过程，使虚拟世界的经验像实际存在一样被认知的技术。这项技术与 AR 和 VR 不同，用户无法认识到所接触的事物是否都是实际存在的。这就相当于电影《全面回忆》(*Total Recall*) 和《盗梦空间》(*Inception*) 中使用的技术。混合现实能用于心理创伤治疗，通过替代患者记忆的方式进行治疗，或者用于需要实际经验的各种训练和教育领域。

如果想体验电影里面完全的替代现实，预计至少还需要 20 年的时间。

全息投影

这一技术的相关产品有微软的全息投影眼镜等。微软发布的 Hololens 是基于 MR 技术设计的可穿戴设备,并不像已有的 VR 设备一样采用完全覆盖视野的设计,而是通过一块半透明的显示屏,在观看周围环境的同时,可以看到各种附加信息或图像的装置。

前面已经介绍过了元宇宙办公合作解决方案企业 Spatial 使用微软 Hololens 的案例,所有参与合作的人通过全息镜头都可以看到工作窗口和各自的化身(因为与本人实际长相十分相似,所以交流时的沉浸感很强),给人一种实际坐在一起交流创意推进工作的感觉,提高工作效率。

XR

XR 是现实和虚拟世界的结合，人类和机器的相互作用，它包括 VR、AR、MR 等超实感型技术以及未来将要出现的新技术。XR 通过强化现实和虚拟之间的相互作用，将虚拟物体呈现到实际空间或识别现实物体，可以在附近提供呈现虚拟空间等与现实相同的虚拟体验。

XR 技术可以应用于医疗、制造、军事产业等危险、紧急的领域。另外，利用 XR 技术还可以模拟应对教育、训练时的各种环境和情况，事先找到需要改善之处和解决方案，并加以防范。

在非面对面远程办公或会议上，如果使用 AR 眼镜打造一个三维工作环境，可以大大提高集中工作的时间、沉浸感、工作积极性和工作效果等个人生产效率。

当复杂的计算机进行作业时，相比只使用一个显示器，同时使用多个显示器画面所达到的工作效果和生产效率将大幅增加。按照需要启动相应数量的 Windows 工作窗口，画面也能够实现快速切换，提高处理工作的速度和效率。能够实现这种工作模式的环境被称为"无限办公室"。这与 Meta 正在开发的未来主推产品的名字相同。

VR 头戴式设备版本上市后，还在不断改善，不仅能实现多任务处理，打造移动式工作环境也非常便利。在多人合作的情况下，可以打开一个必要的作业窗口，同时进行沟通和工作，从而提高效率。例如，在进行编码或 Powerpoint 工作时，需要同时打开多个窗口作业，使用元宇宙办公室就可以实现这一要求。与此同时，一系列与优化设计元宇宙办公室相关的工作岗位也将随之出现。

02　数字变革与元宇宙

新冠肺炎疫情带来的变化

　　10年前，智慧办公曾是企业和社会最热衷于探讨的话题，企业纷纷引入智慧办公作为办公方式。人们开始将一些必要的程序和数据脱离设备，转移到随时随地都可以连接的虚拟空间——云（Cloud）。笔者也预测到这种变化，开发了智慧办公相关的培训项目，长期以来开办特别讲座、培训和咨询。

　　早在10年前，笔者就在韩国积极进行智慧办公培训和推广，虽然曾一度处于停滞状态，但由于新冠肺炎疫情又重新加快了推进步伐。现在，智慧办公已经迎来了向全世界进行推广普及的时代。

　　因此，笔者出版了 *Hi, Cloud* 一书，介绍有关云、云系统、相关程序和工具的有效使用方法。笔者还在线上开设了网课——"完全弄懂智慧办公，实现成功商业"，共有16讲。除了在线学习，笔者还开发并提供了16小时的线下"智慧办公培训课程"。10年间，许多韩国企业和跨国企业使用这一培训课程，向员工普及智慧办公。

　　继智慧办公之后，在新冠肺炎疫情下，社交距离管控加强，企业和组织纷纷将工作方式转变为非面对面方式。员工们可以根据自己的工作方式和风格，在各种场所和空间自由工作。要想远程办公，就需要相应的线上合作方式和平台。为了满足企业的这种需求,笔者与韩国能率协会一起开设了"远程办公"相关培训课程。

第四次工业革命是由技术发展带来的变化,是人类主导的一场革命。这是一场通过人类的努力克服自然和环境、改变世界、成为主宰者的革命。新冠肺炎疫情所带来的变化,不是由于人类的技术发展,而是由病毒带来的强制改变,一下子改变了人们的生活方式(如工作、教育、医疗、商业等)。这是一场大自然统治人类强制发生改变的"革命",不是因为技术和产业升级所带来的变化,因此与工业革命不同。

回顾历史,像这样改变世界和人类的例子屡见不鲜。

鼠疫袭击欧洲,掀起文艺复兴

1350年,黑死病(鼠疫)袭击欧洲,欧洲人口减少了1/3。劳动力资源因此极度短缺,在地主的土地上分地耕种的旧封建制度开始崩溃。这使得西欧走向了现代化和商业化,向货币经济发展。随着劳动力减少,工人工资飞速上涨,资本家们开始投资开发代替人类劳动力的技术,这成为欧洲开启大航海时代、进军其他大陆的契机。在这一过程中,欧洲的殖民主义侵略不断膨胀,西欧地区国家逐渐成为世界上最强大的国家。黑死病结束了封建时代,加速了欧洲的资本主义进程,开启了文艺复兴时代。

天花征服美洲

15世纪末,美洲大陆上约有6 000万人,当时世界总人口只有6亿人左右,因此这里生活着全世界10%的人口。但由于欧洲的殖民化,美洲人口急剧减少(500万—600万人)。不但殖民者在扩张殖民地过程中对原住民进行虐杀,跟随他们一同侵入美洲大陆的天花病毒和疾病也让对此毫无免疫能力的原住民人口数量骤减。

病菌使印加帝国没落

15世纪初,秘鲁统一了使用20种语言的100多个部落,全国人口超过1 200万人。他们建设了灌溉设施,大规模种植玉米、大豆、辣椒、土豆、地瓜等农作物。交通系统也非常发达,修建了横跨安第斯山脉众多山脊的公路网络,总长达到3万千米。

1532年,西班牙的皮萨罗(Francisco Pizarro)带领着装备优良的士兵,抓住了印加帝国的皇帝阿塔乌阿尔法,屠杀了众多印加人。相比西班牙军队枪杀的人数,侵略者从欧洲带来的病菌所造成的感染死亡人数更多。因此,帮助西班牙征服印加帝国的不是枪支和武器,而是病原菌。换句话说,西班牙用病菌征服了印加帝国。

黄热病使拿破仑屈服

1800年前后,法国的拿破仑在征服海地期间,在他的军队中暴发了黄热病,5万人最后只剩下3 000人,无奈返回法国。拿破仑因此放弃了征服海地的计划。

在美国作家贾雷德·戴蒙德（Jared Diamond）著述的《枪炮、病菌与钢铁》(Guns, Germs, and Steel)中介绍了三样改变世界的东西，分别是枪炮（武器和战争）、病菌和钢铁（技术、文化、制度、贸易等）。虽然看似是枪炮和钢铁推动战争走向胜利，实现殖民扩张，获得更多的奴隶，但实际上病菌也发挥了很大的影响力。

历史证明，与肉眼可见的枪炮和钢铁相比，我们凭肉眼无法看见的病菌具有更大的破坏力。而现在我们正在经历的新冠肺炎疫情对掌控人工智能和机器人等技术的第四次工业革命和人类历史潮流产生着巨大的影响。未来将以我们无法想象的速度发生巨变。

人类和新技术主导的四次工业革命虽然间隔了一定的时间，但"新冠革命"是在第四次工业革命进行过程中爆发的，因此，这次掀起的是更大的变化。如果说进入蒸汽机时代的第一次工业革命所带来的变化为"1"，那么利用传送带进行大量生产的第二次工业革命所带来的变化可以说是"10"；如果说电脑和网络点燃的第三次工业革命的变化程度为"100"，大数据、物联网、云计算、机器人、人工智能掀起的第四次工业革命的变化程度达到"1 000"，那么"新冠革命"可以说是瞬间改变了全世界，其带来的变化是"无法测定"的程度。

现在我们需要的是预测和应对"新冠革命"以后，国家、社会、技术以及文化、经济各方面将会发生怎样的变化，我们的生活和工作方式又将会发生怎样的新变化。根据预测，最大的改变将会是线下和面对面方式转变为无接触式，即线上和非面对面。对此，人们要迅速做好准备，且要做好完全的准备。

在公司通勤办公所需要的领导能力是沟通和倾听、关怀、委任权力、领袖气质、指挥力、透明度;在居家办公和远程办公普及的情况下,最重要的领导能力是建导能力,即推动视频会议有效进行以实现目标。因此,领导能力将发生以下变化(见图1-1)。

图1-1 新冠肺炎疫情前后的领导能力

2021年7月,韩国内容振兴院以近年来成为热门话题的元宇宙为主题,进行了大数据分析,提取了与这一主题相关的核心话题,并分析其特征,发表了相关论文。

该研究的目的是进行元宇宙相关的大数据分析,将时间以10年为单位进行划分,如1990—1999年、2000—2009年、2010—2019年、2020—2029年,收集并提取了各个时期的主要关键词,并对其核心话题的特征进行了分析。该研究中使用的五个关键词分别为元宇宙、AR、生命记录、镜子世界和虚拟世界,共对24 000篇新闻报道进行了分析。

分析结果表明,从1990年至今,有关元宇宙的社会讨论主要集中在对新技术服务的关注和使用这一服务所带来的变化及经济增长上,这些核心话题反映了各个时代的变化(见表1-1)。

表 1-1　各个时代的核心话题

顺序（比重）	话题			
	1990—1999 年	2000—2009 年	2010—2019 年	2020—2029 年
1	在线通信服务	VR 服务	培养第四次工业革命人才	初创企业·技术创新
2	VR 技术	网络成瘾·暴力	AR 技术	元宇宙使用·入门
3	新商业市场	新一代增长动力	AR/VR 服务	偶像·化身·虚拟演出
4	电影·小说·故事	VR 电影	地域文化·文化遗产	文化遗产数字化
5	经济模式变化	VR 技术发展	技术创新·创新企业	元宇宙股票
6	审视未来社会	文化·标准接近	AR·演出游戏	社会孤立·上瘾
7	网络犯罪·副作用	数字展览会	全球经济环境	汽车 AR 技术
8	游戏备受欢迎	在线模仿	社交平台的负面信息	政府政策·经济发展

上面的分析得出了在各个时期占比较高的相关话题：20 世纪 90 年代是通信服务、VR 技术与新商业市场；进入 21 世纪后是 VR 服务、网络成瘾·暴力与新一代增长动力；2010 年之后是培养第四次工业革命人才、AR 技术和 AR/VR 服务；2020 年以来是初创企业·技术创新、元宇宙使用·入门及偶像·化身·虚拟演出。

从 2010 年开始，社会对元宇宙的关注度逐渐上升，从 2021 年开始急剧上涨。新冠肺炎疫情暴发以后，由于非接触式社交与社交距离管控，招聘、入学等活动都在利用属于元宇宙概念的虚拟演出及虚拟空间，因此元宇宙的社会关注度也得到急剧提升。随着时代的变化，与元宇宙相关的主要关键词正在转变为基础设施、网络、游戏、电影、VR、内容、大数据、物联网、第四次工业革命、ZEPETO、区块链等。

最近掀起的元宇宙热潮并不是昙花一现。元宇宙正与多个领域接轨，很多企业都在积极参与并投资。

带来新用户体验的数字变革

迎接第四次工业革命时代，几年时间的数字变革（Digital Transformation，以下简称 DT）成为各个领域中所有组织和公司的首要实践目标。各企业的危机意识都十分强烈，如果不尽快进行变革，哪怕晚了一天，都可能会被淘汰，在竞争中落伍。因此，企业都纷纷采取措施，任命 DT 负责人，并组成专家组，引入并普及扩散 DT。

那么 DT 的最终目的是什么呢？就是为了给顾客提供新的经验。顾客感受过企业提供的新体验后，成为该企业的忠实用户，在和周围人聊天的过程中，不断推荐这家企业，无形之中也达到了企业宣传的目的。

那么只有通过 DT 的新体验才有效，而一般模拟方式的用户体验就毫无意义吗？答案并非如此，模拟方式的用户体验也是有意义的。但是，由于用户体验的种类和范围有限，很难与竞争公司区别开来。相反，数字方式的用户体验可以提供更加丰富多样的选择，开发并提供用户体验的自由度很高，因此带来的效果也很好。

根据 Adobe 公司 2021 年发布的数字趋势报告书，70% 以上的用户体验领军企业创下了超越同行业企业的商业成果。而且，拥有成功的用户体验战略和技术的用户体验领军企业有效认识顾客忠诚度的概率高出两倍以上，这意味着用户会避开那些数字体验差的企业。

因此，在 DT 之后用户体验领军企业最近又将备受关注的元宇宙选为新的用户体验平台,并争相向行业的头部集中。这是为了抢占先机,因为后起之秀几乎不可能超越那些头部企业。

从几年前开始,领军企业已将实时 3D、AR、VR 等技术应用于电影、产品设计、生产自动化、建筑物设计等领域。但是,新冠肺炎疫情全球大流行使得保持社交距离和非接触式社交成为日常,元宇宙也随之迅速崛起。

熟悉 3D 游戏和化身的 MZ 世代也为元宇宙热潮助了一臂之力。在元宇宙空间里打造一个代替自己的化身、展现自己的个性、将值得展示的虚拟商品给化身进行装扮。这些都是 MZ 世代熟悉的,因此他们自然而然地就接受了元宇宙。

在接下来的几年里,在给用户提供特别体验的效果上,元宇宙或将超越其他项目,登上榜首。

03　元宇宙吸引 MZ 世代的原因

　　数字化和第四次工业革命产生的技术给老一辈人带来了非常强烈的距离感。对他们来说，新技术与新趋势的变化总是会造成心理上的负担。费了很大的力气了解并掌握了一种技术后，没过多久又诞生了新的技术和商品。对老一代人来说，如果不理会这种变化，就难免会觉得自己落后于时代，竞争力也会随之消失，感到十分不安；但要努力跟上这一变化，却是一件不容易的事情。这种技术和变化对他们来说是需要有意识地投入时间，去努力挑战的事物。

　　与有意识地学习新的数字技术、追赶时代的老一辈不同，MZ 世代将其作为新鲜有趣的游戏，非常自然地接受并享受其中。在线下活动受到限制的情况下，元宇宙成为最受 MZ 世代欢迎的数字语言，他们在元宇宙的虚拟数字空间当中用代替自己的网络化身与他人进行沟通，建立社会关系，享受娱乐活动，甚至进行消费。

　　MZ 世代把元宇宙作为一个能够将现实世界中的不可能变为可能，比现实世界更有趣、更有魅力的世界，而并非将其视为一个被编造的虚拟现实，哪怕在全社会保持社交距离的情况下，元宇宙也不受任何限制。即使不戴口罩，也可以观看演出，欣赏樱花，和朋友见面或与异性约会。

　　与现实世界相比，MZ 世代在元宇宙当中花费的时间更多。积极利用元宇宙去接近未来消费市场中非常重要并具有极大消费潜力的群体——MZ 世代的企业正在迅速增加。

那么令 MZ 世代着迷的"元宇宙"有哪些呢?

超越现实界限的享受,《罗布乐思》

在以元宇宙为基础的游戏中,多人在线 3D 创意社区《罗布乐思》在 2021 年 3 月登上了众多新闻版面的头条。《罗布乐思》月度用户量为 1.5 亿人,一经上市后,其市值超过了 380 亿美元。罗布乐思作为新兴游戏企业,这一上市规模甚至超越了传统游戏巨头。这一事件向市场放出了一个信号——元宇宙将对未来游戏产业产生巨大影响。

《罗布乐思》中的化身形象酷似乐高积木公仔,用户可以使用化身在虚拟世界体验各种游戏(见图 1-2)。

图 1-2 《罗布乐思》的画面

新冠肺炎疫情暴发后，长期待在家中的北美地区小学生有了更多时间玩游戏，《罗布乐思》也因此在这一群体当中人气飙升。这个游戏最大的优点在于，用户能够像在现实世界一样，在虚拟世界当中沟通交流、展开经济活动、享受爱好。用户中的大部分都是小朋友，他们在《罗布乐思》的世界里交朋友、赚钱、消费，进行多样刺激的休闲活动。一旦对其着迷，就会完全沉浸其中，甚至没有闲暇。因其展现了一个真正的虚拟环境，《罗布乐思》的用户忠诚度很高。

组装积木制作建筑物的在线版乐高游戏《我的世界》(*Minecraft*) 的月度用户数量达到 1.3 亿人。作为和《罗布乐思》比肩的元宇宙平台，仅游戏销量就达 2 亿张。

比现实中的自我更具魅力的虚拟化身，ZEPETO

韩国 Naver Z 推出的虚拟化身平台 ZEPETO 代表了元宇宙基础的商业，目前共有 2 亿多用户。《罗布乐思》作为虚拟的游戏空间受到小朋友们的喜爱，而 ZEPETO 的用户对象是专注于在虚拟空间里通过化身展现自我魅力的青少年。在 ZEPETO 里，用户可以创造一个和自身长相相似、代替本我的 3D 化身，装饰自己的空间，与大家沟通交流，享受多样的娱乐。相比游戏，ZEPETO 是为用户提供沟通平台的元宇宙。

ZEPETO 与众不同的魅力在于和韩流明星及国际品牌的活跃合作。2020 年，韩国人气女子组合 Blackpink 在 ZEPETO 举行了虚拟粉丝见面会，并将新歌 MV 在 ZEPETO 上公开。数千万名用户与 Blackpink 的化身一起度过了一段愉快的时光。在线下娱乐活动大幅

第1章　Understand：理解元宇宙

减少的情况下，韩流粉丝们超越了时间和空间，与自己喜欢的明星见面、交流。

跨界元宇宙合作营销，古驰和巴黎世家

一些世界著名时装企业并不直接打造元宇宙平台，而是通过与平台进行合作，将元宇宙变成营销的机会。古驰和巴黎世家就是最具代表性的例子。

古驰面对时代变化，领先其他时装品牌一步，更快地做出应对。2021年2月，古驰与ZEPETO合作打造了虚拟空间——"古驰之家"，用户们可以在此进行游览，给自己的化身购买古驰全新系列的服装和单品，这刺激了用户的购买欲。现实世界价格在几十万到几百万韩元的古驰、路易威登、巴宝莉等奢侈品牌的服装，在虚拟世界以4 000韩元的价格就可以购买。如今，MZ世代对奢侈品的购买意向逐渐走低，如果让他们在元宇宙当中对企业的品牌熟悉起来，那么这就有可能将MZ世代的消费力发展到线下，是企业长期战略中的一环。古驰在《罗布乐思》中也打造了极具吸引力的虚拟空间——"古驰花园"。在用户使用古驰特有的图案和颜色装扮化身，并通过社交媒体分享这一形象的时候，古驰也因此达到了宣传效果。

巴黎世家也与元宇宙平台Sketchfab进行合作，发布展示了2021年秋装系列产品。本次产品展示以2031年的未来世界为主题，通过一款名为 *After World: The Age of Tomorrow* 的视频游戏进行呈现，形式十分独特。该视频由法国游戏开发公司Quantic Dream参与制作，将虚拟空间作为舞台，呈现了高质量的内容。

将演员们在现实中舞蹈的样子进行动作捕捉并制作视频，这是近期备受关注的元宇宙呈现内容之一。制作这个视频需要 3D 面部动作捕捉技术和实时渲染技术。利用全身动作捕捉技术，制作一个 1:1 复制真人动作的数字人类，在进行动作捕捉的同时实时使用渲染技术可以实现现场直播，进一步扩大虚拟人的活动范围。

参与开发该项目的 Quantic Dream 是一家利用动作捕捉工作室推进各种项目的专门企业。以巴黎世家描绘的未来为背景，在生动的虚拟时装秀空间里，用户们可以看到身穿巴黎世家新品的模特们。

D2A（Direct to Avatar，向化身而非消费者销售的方式）市场通过销售网络化身相关商品，扩大到 50 万亿韩元，有不少一流时装企业也纷纷进军该领域。巴宝莉发布了竞技游戏《B Surf 冲浪小精灵》，拉夫劳伦通过 Snapchat 拍摄，发布了时装秀和产品展示集。李维斯、路易威登、华伦天奴、马克雅克布等知名奢侈品牌也正在通过元宇宙平台宣传本公司的虚拟商店或举行各种活动。

但仅仅打造一个模拟现实的虚拟空间是远远不够的。这一战略的核心是给用户提供与众不同的虚拟体验，提高品牌知名度，提升用户的数字体验，刺激他们的购买欲望，借此提高他们对企业实际产品及服务的品牌黏性。

企业应该从战略角度出发，思考如何与已经拥有众多用户，特别是 MZ 世代用户的元宇宙平台——《罗布乐思》、ZEPETO 等进行有效合作，效仿古驰和巴黎世家的元宇宙成功营销案例，制定适合自身的元宇宙应用战略。

04 元宇宙的虚拟人

网络歌手，Adam

早在 IT 技术发展的初期，韩国就利用 VR 技术开发出了虚拟人。这与元宇宙概念面世的时期十分接近。1998 年 1 月，韩国 1 号网络歌手 Adam 正式出道。第一张专辑的主打歌《世上没有的爱情》大受欢迎，销量达到 20 万张。这是一个成功的开始。随着 Adam 意外走红，2 号网络歌手 Lucia 也在同年发行了出道专辑，直到 2003 年依然参加活动，是韩国活动期最长的一位网络歌手。

他们在发行第一张专辑后都没有再受到更多的关注。因为要想吸引大众，就必须参加电视节目，但当时的技术水平无法实现这一点。如果要参加一个长达 1 小时的节目，就要设计制作 Adam 的口型、表情、行动等各种姿态，这需要使用高级图像技术，以当时的技术是完全不可能实现的。与投入开发 Adam 的资源相比，支出费用过高，导致收支不平衡。

Adam 是韩国的虚拟网红第一人。Adam 喜欢泡菜汤，从小就沉迷于摇滚，学会了埃里克·克莱普顿（Eric Clapton）的布鲁斯吉他指法。他就像现实人类一样，喜欢人类女性，想脱离虚拟世界来到现实世界当中。当 Adam 突然消失在人们视线中时，有传闻说他像现实男性一样入伍服役了,也有传闻说 Adam 会被复活,但到目前为止都只是传闻而已。

被选为保险公司广告模特的虚拟人,Rozy

2020 年,一家韩国保险公司距离正式成立还有 3 个月,公司品牌部门和广告代理公司的负责员工每周反复开会讨论宣传方案。这家新成立的大型保险公司为了得到年青一代的关注,需要一个活力十足、具有全新概念的广告模特,却迟迟没有找到,因此,有人提议模特采用虚拟人,这样一来无须担心引发社会争议。虽然不确定使用虚拟人是否能够拍摄制作出预期效果的广告,但他们还是决定冒险一试。就这样,虚拟人 Rozy 诞生了。

随着名为新韩生命(Shinhan Life)的保险公司正式成立,公司与 Rozy 签约的广告也在电视上同步播出。观众们看到,广告中一位朝气勃勃的 20 多岁年轻女性正在跳舞,还以为 Rozy 是最新出道的新人,但其实她是一个虚拟人。广告在 YouTube 上的点击量达到 1 500 万次。

Rozy 原名 Oh Rozy,年龄永远是 22 岁,诞生于首尔特别市江南区论岘洞 Sidus Studio X(开发公司)。本次广告方案模仿了 2018 年法国时装品牌巴尔曼秋季时装秀上使用英国虚拟超模 Shudu Gram 的案例。概念企划历时 1 年,从 2020 年 1 月开始制作,用时 6 个月完成。制作团队为了打造出世界上独一无二的脸庞,把虚拟人创作的一半时间都花在了构思和制作面部形象上。为了打造出受 MZ 世代喜爱、略带中性风格又极具个性的面容,制作团队分析了全世界无数名人的面部。以照片形态塑造了形象后,以此为基础制作了面部 3D 图像。然后在此基础上增添皮肤质感,打造发型,完成身体部分的塑造工作。一般来说,制作者会为虚拟人做出 54 个基本表情,但为了更细致地表达情绪,制作团队为 Rozy 制作了 800 个表情。

目前,虚拟人的制作技术已经达到了相当高的水平,即使是 3D 工作室也可以进行制作。Rozy 有着独属于自己的性格与世界观,在 SNS 上与年青一代沟通互动,实实在在地成为"韩国第一个虚拟网红"。但 Rozy 在开通 Instagram 账号时,并没有公开表示自己是虚拟人。当时,人们的反应非常热烈,纷纷留言表示"太帅了""非常有魅力""长相和造型都完全是我喜欢的风格"。短短 3 个月内,她的粉丝数就达到了 13 000 名。2020 年 12 月 30 日,Rozy 公布虚拟人的身份后,粉丝数反而进一步增加,达到 44 000 人。

英国虚拟超模 Shudu 穿着韩服样式的服装和 Rozy 身着非洲服饰的照片,在 3 个月内分别被制作出来后,合成为一张照片,于同一天发布在 Instagram 上。今后,无论是真人模特之间还是虚拟模特之间的合作都会逐渐增多。

"之前,为了宣传 Rozy,我们到处打电话,但都没有回应。而自从广告播出后,我们收到了 70 多个广告提案,当然,我们不可能全部采纳。目前 Rozy 已经又拍了两个广告,正在准备再追加拍摄两个。可能是因为使用虚拟人会给人留下一种超前、前卫的印象,因此对时尚、汽车、环保、数字经营感兴趣的企业经常会使用虚拟人。还有广告商表示计划打造虚拟男性,力求成为第一个使用虚拟男性形象的企业。"

MZ 一代与老一辈不同,他们并不将虚拟人视为与自己不同的机器人,而是能与自己进行沟通交流的"网红"。因为在 Rozy 公开表示自己的虚拟人身份后,反而更受欢迎。如果今后虚拟人超越商业目的,表达自己独有的世界观,他就将成为与 MZ 世代有着共同语言的"虚拟网红"。

拥有 540 万名粉丝,年收入 130 亿韩元,不亚于人类的虚拟人

　　Instagram、推特等社交平台以及 YouTube 上的名人——"网红"正在成为企业营销的重要渠道。从几年前开始,不仅仅是真人,虚拟人类也开始活跃在网红界。他们被称为"虚拟网红"或"CGI(计算机制作的形象)网红"。据悉,仅在线媒体"虚拟人"(virtualhumans.org)上登载的全世界虚拟人数量就超过 100 人。按照 Instagram 的粉丝数排名,巴西的 Lu(粉丝数 540 万名)位居世界第一。Lu 是巴西大型流通企业 Magalu 从 2009 年开始使用的虚拟人。

　　世界上比较成功的一位虚拟网红是生活在洛杉矶的 19 岁流行歌手 Lil Miquela,她拥有 202 万粉丝。巴西裔美籍的 Miquela 于 2016 年面世,在第二年发行了新曲,还担任了普拉达、纪梵希等著名奢侈品牌的代言人。2018 年,Miquela 还入围了时事周刊《时代》(*Time*)评选的"全球 25 位最具网络影响力人物"。2020 年,Miquela 收入超过 130 亿韩元。Lil Miquela 诞生于美国的新兴企业 Brud,该公司还制作推出了富裕的白人女性虚拟人 Bermuda(29 万名粉丝)、性感的男性虚拟人 BIawko(15 万名粉丝)。支持特朗普的 Bermuda 曾入侵过 Miquela 的 Instagram 账号,后来又有传闻称两人和解了,还一同

上传了合影。关于两人的话题持续引发热议。

此外，还有生活在美国亚特兰大的 21 岁青年虚拟人 Knox Frost（73 万名粉丝）、非洲裔的 Shudu（22 万名粉丝），而粉红色短发的日本女孩 Ima（34 万名粉丝）还被选为宜家店铺的模特。

三星和 LG 的虚拟人 Sam 和金来儿

除了广告以外，还有活跃于其他领域的数字人，比如，三星电子和 LG 推出的数字人 Sam 和金来儿。

三星电子巴西公司为营业教育而制作的数字人 Sam 是由巴西视觉艺术制作公司 Lightfarm 与第一企划合作制作的角色。Sam 虽然并非作为广告中的角色使用，却在面世后引发了关注，尤其受到英语圈用户的欢迎，被用作社交平台的 Meme，甚至有了一个"三星女孩"的外号。这样火爆的人气引得很多人开始模仿 Sam，并分享照片。

LG 电子开发的 23 岁虚拟人——女性音乐家金来儿，也是通过社交平台分享自己的日常生活，并与粉丝们交流互动的虚拟网红。金来儿不仅宣传商品，还在社交平台上公布虚拟人类的身份，上传各种有趣的文章。给人带来亲切感和舒适感的金来儿在 MZ 世代中十分受欢迎。

在金来儿的开发过程中，为了能让角色看起来更像真人，制作团队利用了 3D 动作捕捉技术。通过拍摄真人的动作，用数据记录进行动作捕捉，提取 7 万多个真人演员的动作和表情，应用到虚拟人的制作中。

元宇宙人、虚拟人等具有多种名称的数字人，随着 VR 和元宇宙的受关注度逐渐提高，也被人们渐渐熟悉起来。今后，更多的领域将会制作出更多新的虚拟人。

给虚拟人赋予生命的体积空间捕捉技术

人气歌手和与自己一模一样的化身同台跳舞，把游戏角色呼唤到桌面上一起玩耍，通过360°旋转全面分析职业高尔夫选手的挥杆姿势……这些都是通过混合现实技术——一种超越虚拟和现实的技术实现的场景。下面主要介绍实现这些场景的方法。

当真人在舞台中央移动或跳舞时，用106台摄像机进行360°拍摄，每秒最高达到60帧，生成最靠近现实的动态高画质3D全息影像。这项技术被称为体积空间捕捉技术。将现有的3D建模程序自动化，用较少的费用在短时间内制作三维影像。这是娱乐和游戏领域主要应用的技术，目前B2B领域也在推进引入这项技术。从拍摄时生成的每秒约10GB大小的数据中去除背景，生成点云，之后经过三维网格重建后，呈现出接近于现实的人物形象。它由数据的压缩率和兼容性较高的3D视频格式（MPEG4）制成。

SKT运营的MR捕捉工作室——Jump Studio能够完成所有的工作。工作室规模约165平方米，由摄影区、工作室、待机室等构成。Jump Studio的混合现实内容是两家公司实感媒体技术的结合。微软的体积空间捕捉技术将人物的动态动作通过全息影像体现出来，SK电信"T-Real平台"的空间识别渲染技术将全息影像和现实空间完美融合。

举例来说，如果要制作一个3分钟的混合现实内容，以现有的方式需要耗时3—4个月的时间，花费达到数亿韩元以上。但是在Jump Studio，仅需1—2周，花费不到一半的费用就可以完成。现有的3D模型内容制作方式要经过"拍摄→网格模型构建→读取（Texture）→锁定（Rigging）→动作生成→作品"这样一系列复杂的工作流程。但是Jump Studio会自动处理网格模型构建到动作生成之间的所有程序，在短时间内开发出优质的作品。

Jump Studio将1分钟内拍摄生成的600GB影像数据进行自动压缩，加工到300MB左右，能够进行移动直播。支持现有的媒体制作系统和兼容性高的MPEG4。因此，能够快速制作实感媒体内容。

2020年，美国IP软件公司发布了一名女性数字员工——Emilia。该员工能够承担的主要业务有保险审查、人事管理和IT服务等。目前，约有500家企业正在使用。她的主要优点是可以通过实时数据分析，做出决策，而且能够365天24小时无间歇工作。用户每月要为Emilia支付1 800美元。

如果员工的工资待遇低，再加上一年无休，一天24小时工作，在法律层面上构成犯罪。但如果聘用虚拟员工，就不必担心这方面的问题。将Emilia称为数字员工而非数字高管，是因为目前她还不能进行复杂的沟通，也无法提出一些具有创意性的解决方案。如果今后人工智能技术不断发展，Emilia从事的业务范围将有所扩大，职位也会进一步提升。Emilia目前担任呼叫中心的客服咨询工作，是一名白领虚拟人，正在通过深度学习培养能力。过去，机器代替蓝领是大势所趋，但未来更多的白领岗位将被迅速取代。就像曾经因为工业革命，失去工作的劳动者们掀起了一场捣毁机器的卢德运动，21世纪可能会掀起一场捣毁人工智能或机器人的运动。

这一技术将直接应用于元宇宙当中的化身。虽然现在化身是由用户本人进行移动和操作，但未来随着人工智能技术相互融合发展，在没有用户直接介入的情况下，化身的行动和决定将由人工智能来操控。

第 2 章

Analyze

分析元宇宙技术的现在和未来

01 软、硬件技术

要想实现元宇宙为用户提供与沉浸感完全不同的体验，核心是缩小现实和虚拟世界的差异。因此，各项硬件技术需要同时得到发展，如显示器半导体、HMD眼镜、光学技术等。跨国企业期望通过同时开发元宇宙软、硬件设施，提前抢占市场，以推动公司发展。

软件技术

与元宇宙相关的软件技术非常丰富，包括计算、平台、硬件驱动与使用技术、设计并制作超大空间技术、制作多种类型化身的技术等。因为这些都属于专业技术领域，所以普通人在接触、理解、利用上存在一定困难。不过，大家可能会好奇元宇宙平台提供的三维化身和化身的动作是如何制作出来的。那么，下面将介绍元宇宙的软件技术。

有一个名为Unity的程序，通常在开发游戏、打造角色以及制作角色的动作时被使用。我们熟知的游戏中，有70%以上都是经由Unity进行开发的。动漫、科幻电影也是通过Unity制作的。只要是游戏或动漫开发者都熟知Unity引擎，如果普通人也能对其有所了解，那么接触元宇宙就不是一件难事了。

Unity是2004年8月由丹麦的Unity Technologies开发的游戏引擎。

第 2 章 Analyze：分析元宇宙技术的现在和未来

目前，该公司总部已搬至美国旧金山。如果想真正了解 Unity，可以看一看它的更新过程。

初期，Unity 只支持 macOS 操作系统，后来添加了 Windows 操作系统支持和个人 PC 网页浏览器操作支持。这就是 Unity 的第一个版本。

Unity 2 是 2007 年推出的第一个主要升级版本，新添加了 50 多种功能，其中包括 3D 功能强化、共同作业功能、录像播放功能等。随着 2008 年在苹果应用程序商店上市，Unity 又追加支持了 iPhone OS（现 iOS）。使用 Unity 引擎开发的游戏也纷纷出现在手机应用商店里。

Unity 3 是 2010 年 9 月公布的版本，在已有的 PC 平台和 iPhone OS（iOS）基础上，将支持范围扩展到了安卓等移动平台、PS3、Xbox 360 等平台。同时，随着智能手机的普及，用 Unity 引擎开发的游戏急剧增加。

Unity 4 是 2012 年 11 月 13 日面世的版本。从这一个版本开始，Unity 开始支持 DirectX 11，并增加了新的动画工具。2013 年，Facebook 整合了以 Unity 引擎为基础的游戏开发工具，使用 Unity 引擎开发的游戏在 Facebook 上更容易登录，通过社交平台联动，向其他用户提供游戏推荐功能，增加了一种可以链接的广告功能。

Unity 2017 是 2017 年 7 月 10 日正式上市的版本。从此，Unity 的版本名称改为了以年度命名的方式，许可政策也发生了改变。

Unity 2019 是 2019 年 4 月 15 日正式上线的版本。LWRP 管线正式被推出，继 2018 版本之后，3D 图像性能优化也得到了改善。Burst Compiler 技术正式被应用，一定程度上提高了编译速度。

虽然也有很多其他用于游戏开发的引擎，但Unity拥有更多用户，这是因为用户层多样且入门门槛较低，因此初学者较多，特别是对个人开发者来说，Unity引擎非常有效、好用。

2017版本以后Unity取消永久授权，但个人授权依然免费。根据年销售额的不同，Unity的授权费用也有所差别。当年销售额在20万美元以下时，需要支付的授权费用为4万韩元左右，当超过20万美元时，授权费用为14万韩元。如果销售额低于10万美元，则可以免授权费。这样的授权收费方案使得很多引擎都能够免费使用，即使游戏上线，也不会收取额外的授权费用。这非常符合"开发民主化"的口号，推动了游戏开发的大众化，成为催生众多独立、小规模开发团队的契机。这些对风险企业和小规模初创企业来说，都是非常需要和有效的。Unity的2D功能也在不断增添新内容，2D、3D都支持开发。与初期只限于小规模、独立开发不同，现在从轻量级游戏，到需要一定开发资金的游戏，甚至一些类型游戏，像多人在线角色扮演、战略、拼图、动作等游戏，都能使用Unity进行开发。

在游戏开发中，制作者应该把玩家感受到的游戏难度设定在适当的水平（如果太简单，趣味性就会降低；如果太难，玩家无法完成挑战就会放弃或退出游戏），还需要找出运行当中的错误加以解决，如果开发人员根据不同情况进行——测试，将花费大量的时间和精力。但是，如果使用Unity中的功能，一次测试可以缩短到1分钟以内，就能够缩短整体的开发时间。

Unity虽然有很多优点，但也有缺点。

其中一个就是它几乎没有可以简便适用的高级功能。为了充分利用高级功能，开发人员需要反复测试。引擎自身的优化还不够完善，在部分设备中还会发生运转问题。多语种支持系统非常不完善,这对部分开发人员的使用来说是一个很大的障碍。如果游戏规则的逻辑庞大而复杂,就会弹出"Freezing",程序将暂时停止运行。因此,在开发 AAA 级游戏时,开发者很少使用 Unity。除此之外,Unity 在源代码非公开和安全保护方面还比较薄弱。

Unity 不只是针对专业开发人员的软件。由于个人可以免费获得许可,因此,游戏开发入门者、对制作 3D 游戏和动画有兴趣的人也可以使用。人们可以在"Unity Run"网站注册账号,使用游戏引擎,制作并分享属于自己的 3D 视频。如果对三维游戏、动漫、元宇宙化身等内容感兴趣,也可以尝试挑战。聚集于此的人来自各种年龄阶层,有成年人,也有小学生。

用 3D 制作的游戏提高了游戏沉浸感,给玩家一种身处游戏当中的感觉。目前的网络应用于二维,因此用户在体验过程中会感到无聊,但元宇宙以三维为基础,因此能够给用户提供一种新鲜的、有趣的使用体验。这种最新的软件技术正在开创一个新的世界。

硬件技术

社交平台的领先企业——Meta 斥巨资收购了 HMD 企业 Oculus,并在这之后推出了 Oculus Quest 2。

如果想充分体验元宇宙,就必须让用户感受到虚拟世界是三维的。

把虚拟世界当作三维,在这一点上,VR 体验的核心——眼镜发挥了重要作用。之前上市的 VR 眼镜价格高昂、镜身沉重,且充电效率低。在这种情况下，Meta推出了新一代VR眼镜——Oculus Quest 2。新一代产品的分辨率有所提高，重量减轻了10%，价格也降低了100美元。这一款VR眼镜在2020年第四季度销售量超过100万台。将办公场地搬到元宇宙的虚拟办公室应用程序——Spatial，可以连接到VR设备，用户如果佩戴设备进行移动，画面当中的3D化身也将同样发生移动。硬件领域的竞争非常激烈，苹果也在开发基于AR技术的产品，微软则推出了AR/VR平台Mash。全息影像技术也正在融合进元宇宙中。这是一个巨大的成果，也证明了虚拟世界和元宇宙的前景一片光明。

要想真正实现元宇宙，必须同时发展各种硬件技术，还需要对现实中产生的大数据进行收集（物联网）、发送（5G/6G/云计算），并实现与虚拟世界实时联动的技术。要做到这一点，就要对现实世界进行建模，然后呈现到虚拟世界（数字孪生）。输入现实世界中收集的数据和经济条件，使用人工智能和解析软件进行模拟，之后对分析结果进行解释，获得分析管理或最佳设计的数据，最后将结果重新反馈给现实世界，加以利用。在不久的将来，软件、硬件等正在不断涌现的各种技术都要有机地融合在一起。

02 元宇宙的未来——数字孪生

首次制定并应用数字孪生概念的企业是美国通用电气公司。该公司主要生产供应包括飞机发动机在内的许多产业的发动机,在全世界共有数百家航空公司,影响航空公司收益的主要因素是乘客的上座率和飞机的航行效率。乘客上座率不是航空公司能够控制的,但是,航空公司能够管理航运效率,减少燃油使用,降低成本。

通用电气公司的软件模型提及了数字孪生,这是将产品的个别零部件及其零部件固有的寿命周期的相关知识与数字工具融合在一起的概念。将现实中的零件制作成数字世界里的模型,然后进行分析和管理,在这个过程中使用的数字技术有数据湖(Data Lake)、基础设施模型、视觉化、推理、控制、运行优化和业务维护等特殊分析技术。数字孪生的成果是一个程序,它可以基于机械模型传感器收集的数据,自动运行和升级。利用这种产业资产专业知识,企业仅靠低廉的维护费用就能够提升资产效能。

数字孪生是指将现实世界中存在实体的物理系统及其功能和活动1∶1制作成软件后,与虚拟世界连接,使该物理系统在现实世界和虚拟世界像双胞胎一样运行。德国汽车零部件企业博世从2013年开始构建"网络工程",构建一个将全球工厂运营总部、各个工程的机器和使用该机器的工人三方通过网络进行连接,实现实时交换数据进行分析和利用的系统。为此,博世将几十年来用书面文件整理的所有工程、机械运行日志都录入数据库进行管理。

现在，传统制造企业也需要在制造工程中结合物联网、大数据、云平台等新技术，不断地创新，才能够生存下来，并且一定要根据公司自身情况，找到新的数字孪生创新商业模式。

图 2-1 是将实际飞机发动机（左）打造成数字孪生（右）的图像。如果对喷气发动机实际运转时产生的大量数据进行测定并传送到云端，就可以在数字孪生模型中使用这些导入的数据。使用云计算和人工智能进行模拟，推算出最佳航行数据后，将数据再次反馈到现实世界的飞机，使其实现最佳航行。

图 2-1　数字孪生用于航空行业

数字孪生根据应用水平可以分为三个阶段，分别是：视觉化，实时监控，分析、预测与优化。

视觉化是将现实中的实际产品形象制作成 3D 模型（称为 CAD）。收集实际产品使用时产生的大数据，输入数字孪生模型后，通过控

第2章 Analyze：分析元宇宙技术的现在和未来

制、分析、模拟等方法找出最佳运行条件，并将其重新应用于实际产品。其目的是打造一个最佳的使用环境。

也有一种分类模型是将数字孪生分为五个逐渐成熟的阶段，这是根据数字孪生的实现水平进行划分的。

第一阶段被称为"形状模拟数字孪生"，将现实世界的形象进行2D或3D建模，视觉上实现数字化的现实。建模是通过CAD作业进行的。

第二阶段被称为"静态数字孪生"。这一阶段主要是通过人为介入，进行操作和实时监控，实现部分自动控制。虽然没有相关操作和力学模型，但也是根据程序逻辑来运行的。

第三阶段被称为"动态数字孪生"。在这一阶段，现实对象的模型已经存在，在此基础上可以通过动作模型输入变量的变化来模拟动作、重现问题、分析原因、应用于现实。现实对象和数字孪生可以通过数据链进行同步，实现作用和反作用，但在最终执行阶段必须有人为介入。相当于CAE[①]、数字工厂等。

第四阶段被称为"相互作用数字孪生"。这是数字孪生之间的联合操作模型，也就是不同域名之间可以进行连接，实现数字孪生之间的连接、同步或相互作用。在最终执行阶段，需要管理者进行确认，做出决定。

第五阶段被称为"自主数字孪生"。这是现实的物理孪生和数字孪生之间，或大部分数字孪生之间的实时、自主、一体化的同步运

---

① Computer Aided Engineering，是指工程设计中的计算机辅助工程。
（译者注）

作。这一阶段不需要人为介入，是完全自动化的数字孪生。

如上所述，数字孪生的目的是将实际产品或个体相同的形象和系统制作成数字模型，然后将运行过程中产生的大数据输入数字孪生中进行模拟，从而找到最佳使用条件，然后将其重新应用于实际，从而达到理想的成果。

目前，数字孪生在产业、企业、政府层面得到广泛应用，相关市场和产业也正在快速成长。预计到 2028 年，数字孪生产业的增长将超过 10 倍。

数字孪生被广泛应用于智慧城市。智慧城市是指政府计划打造的城市，将应用到第四次工业革命的技术。建设智慧城市的目的是使用信息与通信技术打造可持续发展的城市，提高智慧城市中市民的生活质量，最大限度地提高生活（居住、移动、活动等）的便利性。也就是说，将整个城市打造成一个具备完整运行体系的平台，共享数据，孵化新兴产业，提供新的服务。智慧城市的概念正在应用于智慧工厂、智慧机场、智慧港口等领域。

数字孪生与元宇宙－物理虚拟生态系统密切相关。三维虚拟世界中接收实时监控数据的数字孪生和现实世界实现联动，对现实世界进行监控，然后分析、预测、模拟得到的数据，寻找最佳对策或管理方案，并反馈到现实世界加以应用。

因为数字孪生与 AR 和 VR 也有关系，且它是以 3D 模型为基础，因此它将和元宇宙联系在一起。例如，可以在元宇宙内打造一个新建设的智慧城市，收集人们活动的方式和推进工作的活动或移动轨迹大数据，并加以分析，制定出一个最佳运行指南，并应用于现实世界。也就是说，在现实世界中实时收集数据，将其与三维虚拟世界进行联

动,然后对数据进行分析、模拟,获得分析结果和操作方案,重新反馈到现实世界加以利用。这个过程被称为"物理虚拟良性循环周期",这是无限反复进行的。元宇宙－物理虚拟生态系统由各种软件和硬件构成,维持运行。

随着引进使用数字孪生的案例不断增多,产业界对这项技术也越来越关注。微软开发并发布了基于云计算的 Azure 数字孪生,随之,斗山重工使用 Azure 数字孪生打造了风力发电站。在上面的例子中,数字孪生技术通过将现实的制造工厂或生产工厂打造成数字模型,对工厂进行管理和运营。

虽然数字孪生可以应用于现实中存在的一切(事物、场所、工作、服务等),但是数字孪生实现的程度根据等级不同而有所差异,还有很长一段路要走。就像人工智能被实际有效利用一样,目前数字孪生也在几个领域当中作为非常有用的技术而备受关注。这就是微软推出商业化数字孪生工具的原因。

制造业被认为是应用数字孪生技术能够取得最大效果的产业之一。在实现制造工艺数字化的同时，还可以提高安全性，大幅降低管理和运转费用。

斗山重工在风力发电站的设计和运营上，使用了微软的 Azure 数字孪生解决方案。建设在海上的风力发电厂很难使用人力进行维修。为了管理海上风力发电站，必须使用数字孪生。如果将人力无法实现的事情与数字技术结合，就能够提高处理的便捷性和效率性。

斗山重工正在试图使用数字孪生将能源发电最大化，推进打造能够节约现有设备维护费用的新一代风力发电体系。数字孪生解决方案可以将天气、气温、风向和风速等运转数据与基于机器学习的模型实时结合，从而准确测定生产量。

那么数字孪生和元宇宙之间有什么联系呢？20 年前，开发和应用数字孪生是为了提高政府推进的智慧城市以及制造业企业商品或服务的管理和运行效率，所以和普通人的生活相距甚远。在元宇宙出现后，随着许多人纷纷涌入元宇宙，其中的社会活动和经济活动呈爆发式增长，数字孪生也开始进入元宇宙。但是，元宇宙当中的数字孪生与某一种产业或技术无关，反而正在与普通人感兴趣的领域接轨。

03　涌入元宇宙的企业

对于元宇宙这一新技术的出现,个人和企业哪一个会更加敏感呢?如果有一项新技术或服务面世,不可能所有人都同时对此表示关注,并及时去使用或进行购买。可以对这一点进行明确解释的是技术成熟度曲线(见图2-2)。

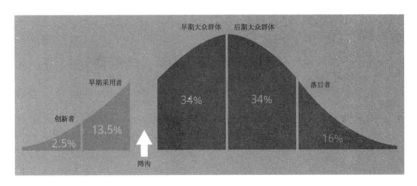

图2-2　技术成熟度曲线

以技术为主的产品或服务一经上市,根据技术成熟度曲线可以分为五个阶段:进入、成长、成熟、停滞、衰退。就像图表所展示的一样,一旦出现新技术,立即加以关注、使用并接受的群体是创新者。一旦出现从未有过的新技术或商品,相比于产生怀疑和排斥心理,他们反而会抱着强烈的好奇心去接近。他们总是比身边人更早发现和体验新技术,这一点意义重大。在创新者体验的过程中,如果这项新技术在一定时间内传出口碑,那么就会吸引早期采用者的关注,进行接触。不过，如果一项技术想在市场上存活下去，就必须拥有早期大众群体。

有很多技术还没来得及接触到这一群体就已经消失于市场中，因为它们陷入了死亡之谷——鸿沟。无法跨越鸿沟的原因有很多，如针对创新者或早期采用者提出的反馈意见和改善要求没有得到正确处理；或者没有实施有效的宣传，让早期大众群体了解到这项新技术；又或者是，现有市场当中，竞争者过于强大，处于业界领先地位，无法突破其全方位阻碍。

那么元宇宙目前处于什么阶段呢？原本它还处于被早期采用者接受、使用的阶段，但还没有接触到早期大众群体，一不小心就有可能陷入鸿沟之中。但是，随着新冠肺炎疫情的暴发，居家办公常态化，元宇宙一下就接触到了早期大众群体。目前，元宇宙处于一个正在被个人和企业了解与之相关的一切概念和技术，并研究如何将其应用到生活和工作的阶段。如果是通过本书首次接触到元宇宙的读者或企业人，应该更加积极地去认识、走进元宇宙。

近几个月来，全世界很多企业都开始启用元宇宙。这不仅仅是某一个领域的变化，它覆盖了整个产业领域，游戏、娱乐、金融、电视购物、制造、服务、时尚、教育、旅游相关企业全部都包含在内。

企业人员在元宇宙里开会、推进项目、签订合约或协议，企业活动也在元宇宙里举行。企业争相涌入元宇宙的理由就是要抓住购买力强的、在顾客群中占据绝对数量的 MZ 世代。

MZ 世代对数字环境十分熟悉，紧跟最新趋势，追求与众不同的体验。在长大进入社会后，他们对最新趋势的购买力和消费力很高。元宇宙受大多数 MZ 世代群体欢迎，因此宣传效果也较好。

第 2 章 Analyze：分析元宇宙技术的现在和未来

一些企业文化和经营战略保守的金融公司正在通过引入元宇宙技术来提高业务效率、加快金融服务开发。花旗银行开发了一款证券经理人专用的全息分析仪，用于远程沟通；汇丰银行推出了用于商品介绍和顾客咨询的元宇宙服务。

对韩国企业来说，虽然元宇宙还处于引进初期，但元宇宙的使用场景已经从会议、研讨会扩展到了元宇宙银行的开设，正在向各个领域扩散。DGB 金融集团曾与社交平台 ZEPETO 合作，在元宇宙中举行了高管会议，现在还在准备开设一家元宇宙银行。渣打韩国第一银行成为金融界首个在元宇宙空间里，以资产管理顾客为对象，举行数字"财富关怀"（Wealth Care）研讨会的金融企业，引入了元宇宙概念，以现场直播的方式举行研讨会。渣打韩国第一银行计划将研讨会场景用元宇宙虚拟空间加以呈现，顾客也将以虚拟化身的形象参加研讨会。

最近，KB 金融控股经营研究所在元宇宙相关报告书中提议，在元宇宙中设立 KB 金融集团的数字分行。这项提议的具体战略是，在 ZEPETO 上开设数字分行，使用广告代言人担任员工，在元宇宙的主要用户 Z 世代当中树立 KB 金融的品牌形象，加强与未来潜在客户的接触。另外，KB 金融集团还计划在元宇宙上设立数字培训机构，利用 VR 设备，制作业务相关培训内容，提高职员们的顾客经验。

韩国农协银行和新韩银行也在进行"聚集到元宇宙"的相关行动。韩亚银行旗下韩亚金融经营研究所在最近的报告中分析称："金融服务目前的主流依然是将 AR/VR 技术与现有的金融服务相结合的金融中心型服务，但今后与非金融公司结合的服务模式也将十分普遍。"在元宇宙这一虚拟经济平台上,可以接触到金融商品,然后与流通业合作,实现O2O[①]金融。这种结合型服务在进军新市场和吸引新顾客方面有着很大优势,因此将为金融业提供新的机会。

韩国乐天建设通过元宇宙平台——SK JUMP,举行了"宣传支持者团队成立仪式"。由乐天建设的8名MZ世代员工组成的宣传支持者团队,通过企业宣传、加强公司内部各层员工之间的沟通,打造一个年轻、开放的企业形象,以此为目的进行为期一年的活动,每月召开创意会议,制作符合最新趋势的内容,参与公司内部活动等。乐天建设的初级董事会也在Gather Town中举行定期会议。初级董事会由20位20—39岁的员工组成,将通过定期会议与代表理事一起讨论有关乐天建设的前景和企业文化改进的问题。这是模仿几年前时装企业古驰使用且获得显著成效的方案。通过这些措施,将年青一代的潮流与企业文化结合,收集20—39岁员工的意见,并应用于全公司的业务流程。新员工招聘介绍会也将利用元宇宙平台——Gather Town举行。另外,2021年7月乐天建设与Zigbang携手,在建筑界首次推广元宇宙上的房地产服务。

全球时装企业古驰是最先利用元宇宙的企业之一。古驰在迎来公司成立100周年之际,在《罗布乐思》里公开了名为古驰花园的意大利佛罗伦萨卖场。在ZEPETO上公开了60多种服装、鞋子和包包,引发热议。路易威登和巴宝莉也纷纷在虚拟世界中展出了各自公司的产品,下单的顾客们只能在《罗布乐思》内使用购买的古驰商品。

[①] O2O为"Online To Offline"的缩写,指将线下的商务机会与互联网结合,让互联网成为线下交易的平台。(译者注)

第 2 章 Analyze：分析元宇宙技术的现在和未来

同时经营本公司官方专卖店和线上商店的全球企业之所以使用元宇宙平台，是为了在 MZ 世代喜欢的地方与他们进行沟通，将他们发展成未来的潜在顾客。他们想摆脱以往将上一代人视为主要顾客群体的思维，将目光放到拥有强大购买力的 MZ 世代身上，与他们进行沟通交流，使这部分群体能够自然而然地成为本公司的顾客。

古驰之所以对面向 MZ 世代的元宇宙平台 Mashup 如此热衷，是因为在 2013 年前后，年青一代成为主要消费群体。MZ 世代对古驰的认知定位是受父母一代喜爱的老派时装品牌，因此他们对古驰并不感兴趣，古驰也因此遭遇了严重的财政危机。遭遇这种危机完全是品牌自食其果。他们曾一度认为如果年青一代也穿古驰的话，就会拉低品牌的档次，所以长期以来对千禧一代的消费者并不欢迎。但是在他们成为消费主力、老一代的购买力下降的情况下，相比和父母那代人一样拥有名牌，他们更重视体验；比起名牌，他们更重视个人个性和价值，因此拒绝购买昂贵的名牌。感受到危机的企业管理层对原因进行分析，并寻求解决方法。他们找到的解决方案就是推出适合 MZ 世代的设计和商品。像这样紧跟时代的变化对营销和设计战略做出改进的古驰，随着元宇宙时代的到来，在确定元宇宙的主要用户是 MZ 世代后，立即接触了元宇宙。因此，在 ZEPETO 上打造古驰花园，与年轻用户进行交流。

当然，在 ZEPETO 当中出售的商品并不是实际存在的，都是用来装扮虚拟化身的数字时装。但是古驰方面非常清楚，如果古驰的数字时装适合用户的化身，并且就此使得用户熟悉该品牌，那么将来用户就会自然而然地在线下商店购买古驰。

像这样，在元宇宙世界里，用户能轻松买到那些平时在线下无法负担其高昂价格的名牌，因此深受年青一代的欢迎。据说，在MZ世代之间流行着一句话"在元宇宙里炫耀（Flex）古驰"，Flex是新造词，意思是炫耀自己的财富。这充分达到了吸引Z世代（20世纪90年代中期到21世纪初出生的群体）的效果。在ZEPETO的用户群体中，身为Z世代的青少年用户数量占到80%。装扮与自己长得一模一样的化身已经成为一种游戏和潮流。

Z世代把元宇宙当作社交平台，在其中展现自己的个性。他们之所以涌入ZEPETO，是因为在那里只要3 000韩元就能买到现实世界标价几百万韩元的奢侈品。时装、名牌、化妆品企业为满足Z世代的这些需求，纷纷开始入驻ZEPETO。时装企业LVMH集团旗下的Dior首先向ZEPETO提出合作，并推出了九种美妆系列。

斗山熊队是韩国一支职业棒球队，首次与Naver Z合作，在ZEPETO当中解锁了队伍训练场地的VR地图。地图当中有粉丝们平时好奇的更衣室、室内训练场、球员休息区、大厅等场所，粉丝们可以通过虚拟空间间接地进行参观。球迷们还可以身着推出的队服与吉祥物"铁雄"合影。流通业界也在积极进军元宇宙平台，他们认为将MZ世代作为对象进行营销一定会效果显著。宾格瑞（Binggrae）在ifland中举行了线上派对，引发了MZ世代的热烈反响，通过独特的营销活动，在年轻消费者群体中产生了很好的效果。这是为了在产品上市前先进行宣传，对消费者的反应进行分析后，再推出测试版本。

尤其对于一些初创企业，元宇宙实实在在地成了它们的宣传平台。咖啡订阅服务初创公司Turtle Crew Cafebox利用元宇宙平台Gather Town举办了第一届咖啡博览会，有一些参加博览会的观众并非对咖啡感兴趣,反而是对元宇宙感兴趣。其中一半的参与者是因为听闻博览会是通过元宇宙举行,所以前来参加。得益于元宇宙,这家鲜为人知的品牌和公司得到了有效的宣传。这种宣传方式的优点之一在于同时利用多种平台,有助于与消费者进行相互沟通。

韩亚银行为了正式进入元宇宙生态系统,在数字体验本部组织内新设了"数字创新 TFT"这一部门。该部门主要业务内容是推进各种战略方案,比如,商讨与源头技术企业的商业合作以及投资方向,为 PB 客户提供研讨会、演讲及咨询服务,打造与 MZ 世代客户实现沟通的体验空间,利用 AR/VR 技术提供的经营服务等。

考虑到 MZ 世代员工对数字化内容非常熟悉,韩亚银行还设置了元宇宙研修。课程内容就像使用虚拟化身玩游戏一样,将趣味与教育相结合,提高了学员在课堂上的注意力。今后,韩亚银行还计划将元宇宙的使用范围扩大到知识论坛、领导能力课程等方面,在教育领域也将扩大元宇宙的使用范围。韩亚银行进军元宇宙的计划不仅仅是像金融界目前一样,如单纯建立一个虚拟银行,或是将其作为会议空间来使用,而是在对产业有着充分认识的基础上,规划中长期的目标,然后分阶段推进元宇宙扩散项目。

LG CNS 也在 Gather Town 开设了"LG CNS 城"。城市里有展厅、研讨间、休息室等空间,并且 24 小时提供人工智能、物流、安保等多种服务。在展厅里,用户可以一边观看视频,一边查看各个产业的 DX 案例。顾客可以通过虚拟化身参加会议,坐在椅子上,通过视频功能进行交流。休息室是上网和活动的空间,还有 DX 知识竞赛空间和可以申请业务通信的书吧。

第3章

Study

学习元宇宙应用案例

01　MZ 世代的游乐场——ZEPETO

ZEPETO 和皮克斯动画工作室一起开发了一个射击游戏。该游戏以电影《玩具总动员 4》（*Toy Story 4*）为主题，是一个在《玩具总动员》官方地图上打靶子的游戏。玩家如果得到高分，还可以获得玩具总动员主题服装。

Naver 子公司 Naver Z 运营的 ZEPETO 为普通用户提供了"制作游戏"的功能。这一功能让用户不仅能体验在平台上提供的游戏，还能够和朋友们一起享受自己制作的游戏，并且能够获得收益。

ZEPETO 还推出了用户创作支持平台 ZEPETO Build it 和 ZEPETO Studio，用户可以在里面制作虚拟化身活动的地图、虚拟角色服装等各种装备，还能制作游戏。ZEPETO 在 2018 年上市后，聚集了来自全球的 2 亿多用户，用户的虚拟化身能够在各种主题的虚拟空间中与他人见面、交流。目前，ZEPETO 正在加强提供以用户参与为基础的服务，打造一个用户在 ZEPETO 上上传作品、创造收益的经济生态系统。创作团队的目标不单单是制作一个使用虚拟化身进行娱乐的游戏，还立志将 ZEPETO 发展成为一个任何用户都能在其中获得实际收益的平台。这一战略是为了将更多的用户引入 ZEPETO，并与元宇宙中其他平台竞争而做的长期部署。

ZEPETO 里有超过 2 万幅地图。这些地图的类型大致分为两种：一种是 Naver Z 开发的"官方地图"；另一种则是 ZEPETO 用户制作的地图。目前，只有在官方地图上才能体验跳跃、射门、逃脱、骑行、冒险等游戏，但是普通用户也可以在自己制作的地图中添加这些游戏功能。到目前为止，在普通用户制作的地图上，所谓的游戏活动仅限于虚拟化身群体的咖啡厅、派对、拍照的"打卡点"和演出等。

ZEPETO还有一个"赠送礼物"的功能。用户既可以收到来自ZEPETO管理者的礼物，也能收到朋友赠送的礼物。用户在为虚拟化身装扮各种造型的过程中感受到乐趣，这样一来可以让他们一直停留在ZEPETO里，产生留存效果。

02 改变工作方式的元宇宙办公室——Gather Town

目前,居家办公的方式是在家庭或安静的空间里独自工作,当需要举行合作或业务会议时,在约定的时间登录 Zoom 或 Teams 参加线上会议。因为是通过视频方式进行,所以参会人员必须露脸。参会人员需要化妆,整理好发型,穿戴整齐。由于孩子们也要在家上课,偶尔会和父母说话,造成一定的妨碍。

上司有时候亟须联系员工或者想和员工聊天,就会直接打电话,或者没有提前打招呼就开了一个 Zoom 会议,这些也都成为员工的负担。在视频会议和合作办公以外的时间,独自工作常常会产生孤独感,还会因为上司看不到自己的工作,担心上司误会自己没有专心工作,或者业务评价打低分,但是元宇宙就像一根魔法棒,将这些问题全部都解决了。因此,很多企业和组织开始使用元宇宙。

元宇宙时代到来,企业的业务和竞争都将在虚拟空间进行。在面对面的活动受到诸多制约的情况下,很多企业和学校都通过元宇宙找到了应对方案。在虚拟空间里,韩国建国大学举办了学校庆祝活动、顺天乡大学举行了新生入学仪式、Naver 举行了新员工办公室游览(Office Tour)、路铂廷举办了时装秀活动。

不管是金融圈还是初创企业,这一变化正在各个领域全方位蔓延开来。韩国国民银行利用 Gather Town 平台开设了"KB 金融城";友利银行也通过元宇宙平台举办了各种活动,各层员工之间可以进行平等的交流;现代汽车还举行了索纳塔试驾仪式。

房地产中介平台 Zigbang 的员工继 2D 虚拟办公室 Gather Town 之后,最近又打造了韩国首个元宇宙办公室——"Metapolis",让人们可以在虚拟空间里办公、合作。员工们使用虚拟化身代替自己,到设置在虚拟空间的 30 层办公大楼上班,化身坐在办公桌前工作,或者移动到会议室参加合作会议,还可以在休息室里与其他人聊天,短暂地休息。

元宇宙平台根据使用方法和使用目的大致分为四种:第一,像 ZEPETO、《罗布乐思》《我的世界》和 ifland 等 3D 移动平台一样,可以玩游戏、上网以及从事经济活动(获得收益);第二,像 Gather Town 一样,在电脑浏览器上构建一个 2D 网络虚拟世界,举行会议、活动、教育、业务和合作;第三,像 Spatial 或 Glue 一样,在电脑浏览器中构建 3D 在线虚拟世界,举行会议、活动、教育、业务和合作;第四,使用 HMD 眼镜或可穿戴眼镜连接虚拟世界玩游戏或开展工作。

前三种只需要用手机或电脑就可以完成,第四种则需要 HMD 眼镜或 VR 智能眼镜才能进行。Spatial 和 Glue 既可以在电脑屏幕上使用,也可以佩戴 HMD 设备使用。如果有 HMD 设备,就可以体验在科幻电影中看到的场景,在三维工作空间里可以同时打开各种画面、工作窗、文件,实现高效工作。

游戏和娱乐活动哪怕只有手机,在体验上也不成问题,或者至少不会感到不方便,但是会议、教育、活动、合作等工作中则需要配备鼠标和键盘,因为如果使用手机,就会有很多限制,只有在电脑上操作才更加方便，工作效率也会提高不少。

十几个人聚在能听见海浪声的海边顶层公寓，喝着啤酒吃着炸鸡，享受着夜间的"露台派对"。虽然新冠肺炎疫情依旧肆虐，却没有一个人戴着口罩，因为这不是线下聚会，而是在元宇宙的虚拟空间中举办的活动。员工们在自己家里通过元宇宙在线视频画面，使用化身代替自己待在同一个空间中，一起享受时光。

公司使用元宇宙举办员工研修班。员工们通过元宇宙平台——Gather Town，在全国各地居家办公，参加研修班。一些职员回到久违的家乡，在家乡也能够随时参与办公。研修班将按照线下现有的方式和日程进行。各中心的年中会议和下半年业务战略制定、各部门会议、团体活动和晚餐聚会等各种大大小小的会议、活动都在元宇宙当中举行。在自由活动时间里，参加者们可以聚在一起，在虚拟空间设置的休息室或户外运动场散步，享受个人时光。网上聚餐在虚拟空间中的露台上举行，按照晚餐时间持续三四个小时。公司提前发放购物优惠券，让参加人员在家准备啤酒和炸鸡等食品。这样一来，员工们将各自准备的食物和饮料摆在屏幕前，一边享受美食，一边聊天。

如果使用元宇宙平台 Gather Town，就能举办聚会和活动。Gather Town 是一个可以进行会议、教育、研讨会、活动、上网等活动的线上 VR 平台，在虚拟空间里可以看到代替用户的虚拟化身。用户可以去到自己想去的空间，还可以和其他化身（参加者）聊天、合作。在虚拟空间里，组织聚会、准备合作空间也变得很容易。只要在平台提供的菜单和选项之间做出选择即可。根据参加人数的规模，选择的空间也有所不同，从最少的 2 人到最多 100 人，一共 4 个类型，用户可以选择其中一种。化身之间的距离如果变近的话，就会启动视频模式,能互相看到对方的脸、听见对方的声音。两个人可以单独对话,也可以面向所有人进行演讲。相比以往的视频会议 Zoom 和 Teams,元宇宙更能提高用户的参与度和注意力,是一种全新的方式。

Gather Town 是一位名为 Pillip Wang 的青年在 2020 年 5 月开发的,这家企业从著名的风险投资企业红杉资本获得了 2 600 万美元的投资。Gather Town 是基于元宇宙的在线办公解决方案,使用免费账户可以举行 25 人的聚会。因为是通过电脑浏览器使用,所以不必安装程序,但需要使用谷歌浏览器才能启动。受电脑硬件配置(CPU 速度和内存大小等)、谷歌浏览器的速度、同时在线人数和活动明细等条件限制,Gather Town 在使用过程中可能会出现卡顿,流畅度受到一定的影响。

如果想有效利用 Gather Town,您最好不要在毫无准备的情况下就直接登录使用。在使用之前,要充分了解相关信息,包括 Gather Town 提供哪些功能和工具,以及它们为什么要这样设计,这样在使用过程中会更加便捷,在设计自己或组织的地图时也能够操作自如。Gather Town 将空间(Space)分为 6 个类别,提供 79 个模板。初学者可以直接使用模板,如果再进一步深入使用后,就能够按照自己的需要进行直接设计。空间的结构和布局也可以和公司办公室设计得一模一样。如果想实现这一目标,需要充分了解空间、入口站点、物体、瓷砖、墙、地板等的用途。

这里的"空间"是人们聚在一起活动的空间。地图是根据目的和用途不同,将空间设计成各种结构和布局。一个空间至少需要一个或几个地图构成。

例如,在 Gather Town 中,设计一个名为"元宇宙办公室"的空间时，需要有一个宽敞的单层办公室，每位员工都要有个人办公桌形成独立的办公区域，还需要多个会议室、茶水间、休息室以及进行员工培训的培训教室。二楼露台需要可以用来办派对或用餐的区域，一楼办公室的正门正对着通往海边的后门。元宇宙办公室由办公室、露台、海边三个区域组成，各个区域都由各区域的地图组成。因此，制作者必须开发三张地图。但是如果三张地图同时呈现在电脑屏幕的一张画面中时，用户看到的地图太小，就很难分辨空间内的办公设施和位置。解决这个问题的方法是单独设计每张地图，使屏幕上的内容具有层叠结构。露台、办公室、海边各由一层地图组成。如果不需要露台或海边，那么只需使用一层结构和一张地图设计办公室。

如果是由多层地图组成的空间，就需要能够从办公室图层移动到露台或海边图层。在图层之间起到连接功能的要素就是入口站点（Portal）。它的功能和传送门一样。如果使用者处在办公室图层当中，那么画面上能看到的只有办公室，露台或海边的场景是看不到的。要去露台，就需要通过连接到露台的入口站点才能移动。如果想从办公室去到海边，就要通过设置在办公室地图当中的入口站点才能移动。通过海边的入口站点移动到海边后，画面上就会出现海边的场景。而办公室的地图就看不见了。即使移动到画面的边缘，也只能在海边的图层里进行移动。如果想从海边再次回到办公室，就要移动到设置在海边地图当中前往办公室的入口站点所在的位置。

转换图层的入口站点需要分别设计在每个地图当中。在地图的设计过程中，可以使用物品（办公桌、椅子、花盆等）、地板、墙壁等区分办公室、会议室和休息室等空间。

每个空间四周都有墙壁，设计者可以使用震动功能使虚拟化身无法穿过墙壁。化身可以通过地图上的出入门，进出各个空间。只有了解了这些概念和结构，才能设计出空间布局和结构合理的地图。

用户可以在一个长方体的盒子里看到自己的虚拟化身。通过按动键盘上下左右键操控化身。在想去的位置上双击鼠标，化身就会自动移动到那里。

Gather Town 的一个特点就是如果处在同一空间且原本距离较远的人靠近到一定范围内（以地图中的三块瓷砖为准），上方就会弹出视频，同时连接音频，他们就能通过屏幕互相看到对方，听见对方的声音。就像在现实世界的办公室里，自己走动的时候与某个人走近时，进行面对面交谈一样，聊完后，再去别的地方。两个人之间的距离较远时，视频和音频将自动关闭。如果有 5 个人聚集在一起时，5 个人的视频和音频都会被打开。

现在有越来越多的韩国企业正在利用 Gather Town 进行各种活动、培训和客户服务等。LG 化学和 LG 显示公司使用 Gather Town 举行了新员工培训，零部件、材料公司 LG Innotek 在 Gather Town 元宇宙举行了招聘介绍会。400 多名求职的应届生和 20 多名 LG Innotek 人事部门负责人各自移动着虚拟化身，就像在现实空间见面、对话一样，通过视频会议的方式进行面试。

对元宇宙最积极的是银行界。在韩国，从新韩银行、韩亚银行、友利银行、BNK 金融、DGB 金融等主要商业银行到地方金融控股公司，全部都在 Naver Z 推出的 ZEPETO 平台上接轨元宇宙。韩亚银行在 ZEPETO 上构建了一个与仁川青罗研修院构造和外观完全一样的研修院，韩亚全球在 ZEPETO 里打造了一个校园，行长以虚拟化身"劳尔"的身份直接参与其中，与员工们进行交流。友利银行的行长也在 ZEPETO 里，通过虚拟化身"电光石化"，与员工见面。

但是 KB 国民银行选择在 Gather Town 当中开设虚拟营业网点迎接客户，而非 ZEPETO。它之所以做出这样的选择，是因为 Gather Town 主要提供视频会议服务，这使得合作更加便利。包括 ZEPETO 在内的其他平台并没有视频功能，只能通过语音对话。特别是 ZEPETO 只能在手机上使用，因为屏幕大小受限，并且无法进行业务和合作上的文件工作，无法实现方案输出。因此，ZEPETO 在提高工作效率方面具有局限性。

Gather Town 的特点是可以与对方实时进行视频通话，这种功能最适用于银行网点业务。在 Gather Town 内的虚拟银行营业网点，客户移动到窗口服务人员面前，就可以自动弹出视频对话窗口，实现面对面的业务咨询。在一些特定的商品或咨询中，必须与客户进行面对面交流，在 Gather Town 里就可以完全呈现线下银行的营业方式。

Gather Town 里有办公室，还设置了白板，所有在线人员都可以在上面写字或画图进行说明，这些文字和图画可以实时共享在每个人的画面上。还可以站在屏幕前，画面共享介绍资料或影片进行演讲。

Gather Town 还可以和外部的各种在线协作工具一起使用。连接在线协作工具 Padlet，可以将其导入 Gather Town 画面进行实时共享。

进入 Gather Town 也十分方便，用户不需要专门安装一个应用程序，直接登录网站就可以连接到元宇宙空间。凭借这些优点和与其他平台的不同之处，KB 国民银行的客户们可以像去现实世界的银行与窗口服务人员直接对话一样，登录 Gather Town 就能进行视频通话，重要的内容通过文件和图像的方式直接呈现在眼前。鉴于此，银行界目前正在试水各大元宇宙平台，摸索应该如何有效利用元宇宙，并制订相关战略方案。

KB 国民银行关注到使用 Gather Town 能使公司内部合作更加便捷，还有视频会议模式，因此选择了 Gather Town 平台打造元宇宙空间，计划通过大量实践，积累经验和技巧，开发推出一个专供员工和客户使用的元宇宙平台。就像互联网面世时掀起了一阵制作网页的热潮一样，构建元宇宙平台的热潮也将在各处点燃，教育厅和学校也将使用 Gather Town 进行新教师培训。

房地产创业公司 Zigbang 也正在运行元宇宙办公室。因为新冠肺炎疫情不断蔓延，相比普通企业，初创企业加快推进在元宇宙上办公、聚会的步伐。房地产领域企业估值超过 1 万亿韩元的独角兽企业 Zigbang，将位于江南的拥有 270 多名员工的总部搬到了元宇宙上。从 2021 年 2 月开始，该企业全面取消在办公室上班，转而在元宇宙上进行远程办公，它在元宇宙上的办公场所是元宇宙空间——Metapolis。

Metapolis 是模拟现实的办公室，使用数字孪生制作的虚拟办公空间。在这栋 30 层的建筑里，Zigbang 办公室位于第四层。员工的通勤方式是使用虚拟化身登录虚拟办公室。用户们各自操作键盘方向键，经过大厅乘坐电梯，前往自己工作的楼层，像现实世界一样坐在办公桌前工作。如果和其他员工有视线接触或者距离靠近，就会自动连接视频通话。随着 Metapolis 远程办公体系步入正轨，Zigbang 构建了一个没有空间限制的办公环境，在世界各地都可以进行办公。有的员工边在济州岛度假边工作，还有员工回了一趟老家。当初，Zigbang 高层做这个决定并不容易，但在实施这一办公体系后生产效率和工作效率都得到了提高。另外，Metapolis 也吸引了重视自主性和开放交流的 MZ 世代，想加入 Zigbang 的年轻人正在增加。

很多初创企业也在使用元宇宙进行聚会。主要原因就是"空间"和"工作效率"。它在保留现有的非面对面业务方式优点的同时，元宇宙可以带来更强的空间沉浸感，因此能够提高办公效率。如果在此基础上，提高与现有的非面对面协作工具的连接性和兼容性，元宇宙的使用范围将进一步扩大。

03　元宇宙会议和合作解决方案——Spatial 和 Glue

线下进行会议和合作的优点在于，所有人都同处于一个空间，面对面进行沟通，提出建设性的想法和点子，实现思维的碰撞，从而得出更具创意的结论或解决方案。随着新冠肺炎疫情暴发，大量工作和合作都必须通过互联网进行。在这一背景下，Zoom 和微软的 Teams 以最快的速度强势崛起。可是使用这两个平台虽然可以通过屏幕看到对方，却无法给人一种处在同一空间进行交流合作的体验，因此，沉浸体验很低，工作效率也成比例下降。作为替代方案出现的就是元宇宙。元宇宙最大的优点和不同之处是有一个能够代替用户的虚拟化身，可以根据用户的想法移动到想去的场所或地点，如果见到或靠近其他人的化身，也能像在线下一样互相打招呼或者进行对话。在元宇宙的全体地图上可以看到现在谁进入了这个空间，以及他所在的位置。必要时，可以走过办公室走廊，穿过会议室右转，前往走廊尽头的休息室，移动到那个人所在的地方，就像在现实当中的办公室里行走一样。

目前，要想设定并使用元宇宙办公室，需要在元宇宙办公室解决方案供应商所提供的办公室设计和布局当中做出选择，受到一定限制。因此，元宇宙办公室与用户实际使用的办公室在结构和外观方面存在一定差距，沉浸感较低。但是最近，越来越多企业能够以提供数字孪生的方式，在元宇宙上开发设计一个和现有的线下办公室一模一样的虚拟办公室。

元宇宙常常被误认为是用来玩游戏和娱乐享受的平台。因为大众熟知的 ZEPETO、《罗布乐思》和《堡垒之夜》等都与游戏和娱乐密切相关。到目前为止，由于元宇宙尚处于初期阶段，市场目前主要由游戏和娱乐等 B2C 商业模式主导，但逐步将扩散发展到以企业或组织为对象的 B2B 商业模式。

下面让我们来了解一下帮助提高非面对面业务和合作生产效率的元宇宙商务解决方案——Spatial 和 Glue。

元宇宙三维远程协作平台——Spatial

Spatial 是利用 AR/VR/ 全息影像的元宇宙远程协作平台，将面对面的沟通方式延续到数字空间的三维虚拟空间。平台按照用户的长相绘制生成一个虚拟化身，然后开启用户的第二办公空间，在这个空间里用户可以像在现实世界一样移动、交流和开会。

Spatial 联合创始人兼首席产品官李镇河目前正在带头进行元宇宙合作解决方案的开发。Spatial 为用户提供了一种基于虚拟化身的体验。用户可以使用白板记录，并打开视听资料或工作窗口一起进行交流。通过元宇宙平台 Spatial 提供的用户连接功能，在虚拟空间中也完全可以像在线下一样在讨论中碰撞出集体智慧。

李镇河开发的 ED 台式机——SpaceTop 的创意概念是用户可以通过物理方式抓取屏幕中的信息，创造浸入式的体验，获得创意性成果。它是一款可以让用户把手伸入放置键盘的空间直接进行操作的三维桌面环境,将追踪用户手势和眼球的摄像头传感器与透明显示屏合二为一。无须使用鼠标或键盘,用户可以直接用手控制图像(见图3-1)。

图 3-1　建筑师用手直接拉拽或旋转 3D 模型

那么在 2018 年年底,开发这个利用 AR 技术的远程办公协作程序——Spatial 的背景是什么呢?

原来聘用的设计师由于居住在硅谷,很难来到纽约和团队一起工作。有一天,他在使用 AR 进行实验的过程中偶然发现可以通过虚拟方式"打通"双方会议室的墙壁,制作代替每个人的虚拟化身形象进行对话,这样一来物理距离就瞬间被拉近了。

这就是 Spatial 开发的初期创意。当不同地区的员工聚在一起开会或协作时,出行所带来的差旅费用支出很高,但是如果有 Spatial 这样一个远程协作程序,就可以降低费用支出、减少移动所需的时间。在此基础上使用 AR 技术，可以提高沉浸感。

只通过文字、视频和语音进行交流的协作，在沟通上存在一定限制。例如，用户在使用 Zoom 时，虽然可以通过视频通话互相看到对方，实时共享画面，但是很难判断精神是否完全集中于此。对话只能按照主导谈话的人所计划的方向推进，在超过一定时间后，沉浸感就会下降。在同一空间当中，通过眼神接触、表情动作，再加上身体语言，可以实现更有效的协作和远程办公。

跨国企业每年由出差所带来的差旅费数额巨大，如此大量的出行需要也会带来大量的碳排放，这些问题都可以通过远程协作服务得到一定程度的解决。另外，如果处于一个更加自由的空间，那么每个人无关国籍和肤色，都可以获得公平的机会。

Spatial 的核心是提供在线虚拟合作解决方案服务，计划今后发展成为应用数字孪生技术的元宇宙办公室平台。Gather Town 和 Alike 将成为其强有力的竞争者。Spatial 可以在网页上注册使用，不需要 VR 头戴式设备，如果有谷歌、苹果或者微软账号，就可以直接连接登录。

Spatial 主要提供以下几种功能：

①集体讨论；

②报告；

③云作业；

④协作用白板；

⑤团队计划；

⑥产品评价；

⑦无需头戴式设备参加的会议。

第 3 章 Study：学习元宇宙应用案例

前六种功能都必须佩戴头戴式设备才能使用，但最后一种功能无需头戴式设备，仅需计算机内置摄像头即可参与。

Spatial 还提供手机应用程序，在移动过程中也可以参与工作。这是为了提高用户使用的便利性，减少使用障碍。

虽然用手机工作很不方便，但即便在无法使用电脑的情况下，用户也可以通过手机共享的画面交换想法和意见，参加远程视频会议。

在尼尔·斯蒂芬森的科幻小说《雪崩》里首次面世的元宇宙，描绘了一种使用头戴式设备连接到虚拟世界，与现实完全不同的生活。在电影《黑客帝国》中，人物要想进入虚拟世界，需要进行脑后插管。

到目前为止，大部分使用头戴式设备的服务都是游戏，因此元宇宙给人的印象就是游戏。但是《堡垒之夜》和《罗布乐思》等不使用 VR 技术的元宇宙游戏服务也颇受欢迎。也有像《第二人生》这样提供社交和工作相结合的服务。

在这样的背景下，Spatial 作为提供虚拟协作工具的服务面世，初期使用 AR 提供服务，现在发展到使用 Oculus Quest 2。在 Spatial 里，用户可以制作虚拟化身，化身之间见面推进合作，还可以进行个人工作、参加会议等。Meta 在 Spatial 举行了记者招待会，参会人员可以像在现实中一样在大会场上自由地用语音对话并提问。

Spatial 唯一的缺点是，用户如果没有 VR 或 AR 设备就无法顺利使用。如今，Spatial 还提供手机应用服务，用户可以使用手机实现屏幕共享和 3D 模型生成等。

在 Spatial 上，网页、应用程序、VR 版本基本上是免费的。在服务免费开放后，用户数量出乎预想地开始增加，除了业务合作外，还开始被用于教育、游戏、虚拟艺术品展示等领域，还可以一起体验创作者制作的数字艺术品或建筑空间等 3D 内容。

三维协作工具——Glue

Glue 是一个最新的协作平台，旨在为要求远程会议也能达到面对面会议一样完美效果的客户提供服务。小组远程聚集在一起，进行学习、共享、规划和工作。结合顶级沉浸式 3D 图像的 VR 和云计算技术，将协作的效果发挥到极致。

在沉浸式虚拟空间里，用户可以像直接见面一样聚在一起工作。3D 化身像真人一样展示用户的移动和手势，提供了语音和非语言的沟通功能。如果使用空间音响，就能知道周围人的位置。

Glue 公司位于芬兰，早期是一家 VR 及游戏工作室，该工作室曾在 2004 年获得动漫领域的多项大奖。2016 年，Glue 开始正式提供服务。Glue 曾一度翻开多个用户层的 VR 软件新篇章，如今又开发出了功能完善的虚拟合作平台。Glue 与美国的 Spatial 成了两大 3D 虚拟世界合作解决方案。

04 虚拟科学实验室——Labster

科学实验要在实验室里利用各种实验工具和试剂直接进行操作，但如果是在无法直接进行实验的条件下，就只能从书中了解知识。这主要是因为准备实验器材或进行实验的费用并不低，但这样一来学习效果不可避免会有所降低。在这种情况下，虚拟实验室可以发挥它的作用。

VR技术不仅仅适用于游戏，科学实验也可以在虚拟世界当中进行。这样一来，除了不用再担心费用问题以外，还可以预防因使用化学药品而发生的事故，小学生也可以放心地体验各种实验，提高学习效果。虽然在现实中进行生物学实验或通过立体方式呈现三维形象认识生物存在诸多限制，但是在虚拟世界里，一切皆有可能。

丹麦虚拟实验平台——Labster提出了"让MIT的研究室走进所有人的电脑中"的口号，目前正在开发多语种版本的虚拟实验室。Labster是2012年在丹麦成立的一家教育科技企业，提供虚拟科学实验服务，主要支持通过虚拟方式体验危险系数大、费用高昂的科学实验。

Labster的虚拟实验还能协助现实的科学实验室推进研究工作，在网页和VR两个平台提供生物、化学、物理、医学、地球科学、机械、工程等科学领域共120多种实验。用户在Labster平台上可以使用5 000多种实验工具。全世界没有一家实验室拥有如此多的实验材料。因为是在虚拟世界进行的，所以用户不仅仅可以使用工具，在进入设备后，还可以了解应该如何进行操作，所能达到的学习效果非常出色。目前，MIT、斯坦福、哈佛等全世界400多个教育机构正在使用Labster的实验平台。

据《自然》（Nature）杂志报道，利用Labster进行虚拟实验时，学习效果高达76%，而现有的教育课程达到的学习效果仅为50%。如果将现有的课程与虚拟实验相结合，那么学习效果将更加显著。在这种效果的基础上，丹麦从初中8年级到高中的学生，全部都在使用Labster平台。目前Labster在亚洲为新加坡、日本和韩国等国家提供服务。有95%的学生表示效果很好，超过90%的老师表示对教学成果满意。

结论出来了。虚拟实验室不仅能帮学生们增进理解，还能作为有效辅助老师教学的工具。

Labster还计划开发一个供多人同时参与合作进行实验的系统。像元宇宙一样，参加实验的用户使用虚拟化身代替自己进行合作实验。用户可以通过Labster，像玩VR游戏一样愉快地进行科学实验。

05 构建数字孪生解决方案——Naver Labs Alike

在韩国的元宇宙市场占据领先地位的 Naver 正在提供 AR 虚拟化身服务 ZEPETO。ZEPETO 以 B2C 为中心，主要用户是数量达到 2 亿的个人用户。ZEPETO 是融合 AR 和 VR 的数字世界，代替用户的虚拟形象与现有的 AR 或 VR 不同。

镜子世界是构建元宇宙的重要元素，镜子世界是将现实世界进行 1∶1 复制的虚拟世界。始于 20 年前的数字孪生也是将现实世界复制成虚拟世界，但与镜子世界不同的一点是，虚拟世界与现实世界产生的大数据会进行实时交互，将虚拟世界中模拟得到的数据和分析结果应用到现实世界中，进行有效运营和管理。数字孪生是将现实世界复制到数字环境的技术，例如，在元宇宙空间里建造一个完全一样的工厂，在这个虚拟工厂里设计新产品、制定生产流程等，提高生产效率。

两种技术都是将现实世界复制到虚拟世界，包括地图、建筑物、道路、桥梁等各个方面。数字孪生技术应用于打造智慧城市或"普适世界"的工程领域，但 Naver 基于数字孪生解决方案开发的 Alike 并非应用于工程领域，而是成了元宇宙商业的一种新商业模式。Naver Labs 自主开发上市的 Alike 升级了元宇宙生态系统，将现实世界像镜子映射一样完全复制到虚拟世界。此前，Naver 通过开发现实世界道路和地图，提供数字地图服务。在此基础上，Alike 还增加了 3D 街景相关服务。

快速、高效打造大规模城市单位的数字孪生技术是提高用户价值、实现差异化的技术，正是 Naver 通过 Alike 解决方案制作并公开的技术。Alike 解决方案的核心是利用航天照片和人工智能，同时制作并开发城市的 3D 模型、道路布局、高精度地图等核心数据。Naver 子公司 Naver Labs 以自身技术实力为基础与首尔市一起构建并发布了首尔全市总面积达 605 平方千米的 3D 模型。此外，还自行制作了首尔市总计 2092 千米的道路布局，随后，又与首尔市一起打造并发布江南地区的高精度地图。

如果要以庞大的城市为对象进行数字孪生开发，那么就需要同时使用航天照片和移动测量系统（Mobile Mapping System）数据的混合 HD 映射、精密测位技术、数据处理等多领域的人工智能技术，Naver 从很早之前就开始为此做准备。Alike 数字孪生解决方案提供在虚拟世界中构建城市 3D 模型、道路外观、高精度地图等三种地图的技术。

非营利技术研究团体 ASF（Acceleration Studies Foundation）于 2007 年发布了《元宇宙路线图》。ASF 将元宇宙分为增强现实、生命记录、镜子世界、虚拟世界，其中镜子世界就相当于数字孪生。

21 世纪初，数字孪生主要应用于制造基础的工程企业。作为维护、运营和管理手段，在化学、汽车、造船、能源、建筑、复合城市等众多领域得到了应用和发展。据韩国科技信息通信部发布的资料，虚拟融合技术元宇宙适用的大型项目包括制造、建设、流通、休闲、生活等。

韩国政府在虚拟世界里建立了虚拟造船厂后,正在计划推进在虚拟环境中试验、测试船舶设计及质量。斗山重工正在与奔特力系统软件公司(Bentley Systems)合作,将基于微软云服务——Azure 开发的数字孪生解决方案应用于风力项目。该项目计划构建一个能够节省现有设备维护费用的新一代风力发电体系。德国汽车公司宝马集团也正在利用人工智能计算技术企业英伟达打造的"全宇宙"(Omniverse)平台构建虚拟工厂。跨国企业正争相拥抱元宇宙与数字孪生。

06　ZEPETO 的劲敌——SK 电信 ifland

开发 ZEPETO 的 Naver 是韩国元宇宙的霸主。与 Naver 一同被称为韩国元宇宙的两大巨头的是 SK 电信。见证了 ZEPETO 的成功后，SK 电信推出了元宇宙平台——ifland。作为 ZEPETO 的劲敌，ifland 提高了元宇宙使用的便利性，通过多样的虚拟空间和虚拟化身让用户在元宇宙中享受极致体验。如果推出第三和第四个元宇宙平台的企业迅速增加，就有可能开启 K- 元宇宙时代。

SKT（SK 电信）正在运营一个像实际聚会一样极具现场体验感的虚拟会议空间——"Jump 虚拟聚会"，这是一个元宇宙平台。

站在抢占元宇宙市场的竞争者立场来看，SKT 受到 Naver ZEPETO 成功的刺激，产生了危机意识，因此推出了与 ZEPETO 概念相同的"ifland"服务。

据悉，ifland 首先在安卓市场推出，之后计划阶段性地将服务范围扩大到 iOS 及 VR 设备 Oculus Quest OS 等。ifland 共提供 18 个主题、800 多个虚拟化身元素，目标是成为代表 5G 时代的元宇宙平台。

虚拟化身在移动过程中没有卡顿，形象自然精美，十分吸引女性用户和小朋友。ifland 与 Kakaotalk、Facebook、Instagram 所带来的体验完全不同。因为用户可以直接操控代替自己的虚拟化身在元宇宙当中活动，所以沉浸感很强，还极具趣味性，因此成年用户也能够被其吸引。由于 ifland 在 ZEPETO 之后发行，目前正在尝试设计与

ZEPETO不同的用户界面，给用户带来不一样的体验。

ifland直观、情感化地展现了元宇宙的超现实，意为"无论想成为谁、想做什么、想和谁见面、想去哪里，各种可能（If）都能变为现实的空间（Land）"。SK电信在推出ifland之前，有长期运营"社交VR"和"虚拟聚会"服务积累的技术、经验和用户反馈，计划以此为基础，提高用户使用的便捷性，强化MZ世代需要的服务和内容，将ifland打造成5G时代代表性的元宇宙平台。

ifland最大的特点是将重点放在了程序简化和使用性上，任何人都能轻松、便捷地在手机软件中享受元宇宙。

如果运行ifland应用程序，画面上方就会出现本人的虚拟化身和个人信息，确认目前的状态。目前，部分元宇宙空间已经开放，用户还可以根据兴趣对开放的空间进行搜索。如果对即将开放的空间提前预订关注，那么在开放的前10分钟就会收到参与提醒。当关注的朋友登录ifland时，也会提供提醒等多种便捷功能。

ifland里还会举行一些趣味活动，甚至还有由用户主办的活动的相关信息。夏季假期期间，每天晚上10点有深夜放映会，如果想参与，按下参与按钮即可。

考虑到MZ世代的需求，ifland推出多样的内容，进一步加强社交功能，正式为元宇宙生活提供服务。今后ifland将进一步升级服务，用户在ifland里不仅仅能进行小规模的亲密聚会，还能举办大型活动，用户们可以通过ifland享受到有趣、健康的元宇宙生活。

07　应用于阿姆斯特丹运河的数字孪生

新西兰的 MX3D 公司的主要业务是开发 3D 工程技术并应用于实际生活。不久前，在被称为运河之城的阿姆斯特丹的一个地区，这家企业利用 3D 打印机建造了一架钢桥：长 12 米、宽 6.3 米，是用于市民步行的小桥。之所以策划这样的项目，是因为阿姆斯特丹的小运河就像蛛网一样交错连接，要想从运河对面移动到这一边，就必须先到架设有桥梁的地方，非常麻烦。如果要建一座新桥，必须使用现有的建设方式，这样一来不仅大兴土木，而且还需要投入大量时间和费用。当然，施工期间还会给市民带来诸多不便。

考虑到这些问题，MX3D 开始寻找解决方案。现有的桥梁建设采用混凝土和钢梁混合的施工方式，因此需要考虑的问题很多，包括时间、费用，以及在一定范围内设置阻止市民靠近的防护网等。该公司在策划解决方案时制定了以下目标：

① 为避免给市民带来不便，不在施工现场直接建设，而是在其他地方建造桥体的各部分，然后再运输到河上进行组装；

② 为了让桥梁设计与周边环境融合，采用现代设计；

③ 为设计出桥梁的最佳方案，收集、分析、展现行人在桥梁上通行时生成的大数据，将其应用于其他桥梁的建设。

该项目开始时，桥梁的初期概念设计通过 AR 技术呈现。

桥梁设计图完成后，制作团队利用约 4.5 吨不锈钢和 4 个焊接机械臂，历时6个月打造了一架3D打印桥。桥梁上安装了许多传感器，用以实时监测人们经过后桥体的内部结构和寿命变化等各种数据，并将这些数据收集到云服务器。工程师将利用这一模型研究这种独特材料的特性，并利用机器学习从数据中发现所有需要维护或修改的迹象。他们还希望这能帮助设计师了解3D打印如何应用于更大、更复杂的建筑项目。收集到的数据与电脑中的数字孪生模型进行交互，用于评价和分析桥梁性能，寻找最佳建造条件。这些信息将用于今后整个阿姆斯特丹运河区域的3D打印建设项目。这一项目从2015年开始，在荷兰设计周展览会上首次亮相。

让我们来看看，为了解决问题，制作团队在初期创意的基础上，如何融合AR、VR和数字孪生进一步改进完善方案，最后应用到现实世界：

① 将解决问题的初期创意视觉化；
② 电脑建模打造虚拟世界；
③ 在多种条件下，用结构分析技术进行模拟；
④ 设计适用于现实世界的概念图纸；
⑤ 设计适用于现实世界的AR模型；
⑥ 使用3D打印机和机器进行组装；
⑦ 制作最终成品；
⑧ 运送到搭建现场；
⑨ 安装在现场。

这是一个通过开发融合AR、VR、数字孪生、3D打印和机器人等新技术，在现实世界为人们提供便利的成功案例。

虚拟生态：2025 的元宇宙

大宇海洋造船将巨济岛造船厂用数字孪生呈现

在韩国，也有企业将数字孪生运用到商业领域。2021 年 5 月，大宇海洋造船使用 3D 数字呈现了巨济岛造船厂，将主要用于 3D 游戏开发的游戏引擎应用于产业领域。3D 游戏引擎开发商 Unity 与大宇海洋造船签订协议，使用数字孪生打造巨济岛造船厂。

在现实世界中经营造船厂，会出现管理效率低等各种问题，却无法预知并阻止这些情况发生。如果采用数字孪生技术，员工可以在虚拟现实中实时掌握发生错误的位置，通过反复的模拟实验，可以找到问题或者运营造船厂的有效方式。通过这样的方法获得的信息和数据重新应用到现实的造船厂，可以提高效率，预防事故的发生。负责人为了运营、管理监督造船厂，需要经常从总公司到地方出差，但是如果利用数字孪生，即使不出差，也可以在总公司实时在线进行监控和管理，可以节省大量的时间和费用。

汽车业界也在使用游戏引擎开发业务。现代汽车、保时捷和宝马等整车企业正在虚拟现实中组装车辆，进行自主驾驶模拟实验。宝马使用虚幻引擎进行开发车辆的测试，虚幻引擎是射击游戏《堡垒之夜》开发团队——Epic Games 的游戏引擎。在游戏引擎当中，制造商可以详细设定路况或天气等变量，在虚拟世界中运行车辆，准确捕捉车辆在各种道路、各个季节的行驶功能变化，用于汽车开发。

当前的游戏引擎市场由美国企业垄断，一旦更换开发工具，开发者需要很长时间才能适应。各国企业未来都要加大投资，自行开发数字孪生制作需要的 3D 游戏引擎。

08 在现实中体验的虚拟运动

一群人穿着运动服和运动鞋,到处跑来跑去、躲避、打滚。虽然累得上气不接下气,但却十分开心,兴奋得大喊大叫。但是他们所在的地方不是实际存在障碍物和建筑的生存冒险现场,而是一个空荡荡的空间。看到这一幕的旁观者可能会把他们当作疯子。

他们头上戴着的是智能眼镜,双手握着类似游戏手柄的道具进行移动。这是将战斗游戏和VR技术结合的"混合现实体育平台"。

这是加拿大Arcadia.TV自主开发的一款使用追踪技术的体育游戏,这项技术将现实世界的赛场和数字世界相融合。在足球场或篮球场这样宽敞的空间,使用Oculus Quest无线VR设备即可享受这一体验,一起参与游戏的玩家可以通过VR看到对方的移动,进行比赛。

不参加游戏的人也可以通过视频观看游戏玩家的比赛，为他们加油。

在进行足球游戏时，选手们可以跑步、跳跃、躲避、铲球等进行防守，而不是只坐在桌子上用手操纵手柄进行移动。只是操纵手柄达不到一点运动效果，因此，出现了大量的"游戏废人"。但是这款游戏可以让玩家活动手脚，进行身体运动，身体的移动和动作可以通过手中的手柄和头上戴的智能眼镜实现监控，并实时与程序进行交互。

为了将该游戏推广到世界各地，开发团队正在计划举办"Arcadia 测试赛"。它将在六个城市巡回举行，通过网络在线播放，吸引观众，创造收益。

第4章

Gain

在元宇宙创造收益

01 在 ZEPETO 创造收益

ZEPETO 的理念是打造一个以用户参与为基础的元宇宙生态系统，游戏也与这一发展方向具有一致性。Naver Z 一直强调 ZEPETO 是"和用户一起创造的世界"。因此，为了让用户能够制作 ZEPETO 地图和道具并借此获得收益，在 2020 年 4 月其推出了 ZEPETO Studio。在 ZEPETO 销售的商品中，有 80% 以上都是用户利用 ZEPETO 工作室直接制作的。ZEPETO 工作室的用户已经超过了 70 万名，提交的作品数达到了 200 万个，用户制作的商品销售量超过 2 500 万个。用户可以在 ZEPETO 内使用虚拟货币——金币（Coin）和 Zem 币进行交易，获得收益的人正在不断增加。

如果创建 ZEPETO 工作室账号并经过认证，屏幕上就会出现"制作项目"的画面。点击制作项目的图标，在 12 种类型的项目中选择一个，就可以上传自己制作的作品。上传是免费的，但您只能上传扩展名为".zepeto"的文件，只要在 3D 工具上将制作的文件转换成".zepeto"即可。文件的大小不能超过 100MB，为了达到最佳效果，最好尽可能缩小文件。

如果是爱好设计 2D/3D 角色及道具或从事这一职业的人，可以考虑在目前炙手可热的元宇宙平台——ZEPETO 中创造收益。

那么开发出售 ZEPETO 商品会带来多大的收益呢？为了得到准确的信息，笔者对开发售卖 ZEPETO 项目创作者的相关资料和经验

第4章 Gain：在元宇宙创造收益

进行了分析。如果有读者考虑在 ZEPETO 上通过人物形象或单品设计来转化收益，可以作为参考。

创作者可以在信用商店购买商品。ZEPETO 中可以使用 Zem 币和金币两种货币，可以用现金充值或完成任务后免费获得。Zem 币可以购买金币无法购买的特殊商品，因此其价值高于金币，但是要想好好体验 ZEPETO，还是需要金币。

人物形象设计可以选择 2D 或 3D，但是购买项目的用户更喜欢 3D 形象。创作完成的作品应上传至 ZEPETO 工作室，并接受审核。如果通过审核，就可以进行公开售卖，但也有可能出现被拒绝的情况。被拒绝的理由有很多，比如，作品的水平和质量太差，或者作品存在与创作者相关的广告性质内容。上传后进行等待即可，平台会将审核结果告知创作者。通过审核的项目可以进行销售，根据销售量分得收益额。ZEPETO 工作室使用的货币单位是 Zem 币。如果收益金额超过 5 000 个 Zem 币，就可以申请提现。

要想提高作品的销售量，最重要的是要坚持上传作品，间断性上传不利于作品转化收益。如果没有新认证的许可，作品销量就会骤减。就像在博客上发帖，坚持每天更新和间断性更新的博主在曝光度上存在差别。

可提交审查的项目规定一次不超过 10 个，得到审查结果大约需要 2 周的时间。因此，每月最多可以被批准 20 个作品，这些是可以销售的商品。每个商品的价格都不一样，假设平均每个商品价值 5 个 Zem 币，那么只有销量达到 1 000 个才能得到 5 000 个 Zem 币的收益。用户刚开始在 ZEPETO Studio 进行创作、销售时，很难大获成功，但如果坚持长期创作并上传作品，也许某个瞬间就会迎来销售暴涨的时刻。

现在有很多设计师成了 ZEPETO 创作者，他们在创作起步初期的月收入从 1 万韩元到 10 万韩元不等，但经过几年后，一些著名设计师的月收入达到了 1 500 万韩元。随着元宇宙的不断扩散，产生了像这样的新职业，拥有自己事业的自由职业者数量也在迅速增加。

ZEPETO 有 2 亿多用户，其数量仍在增加。其中，有许多都是青少年消费者，他们想将自己的虚拟化身装扮得更加帅气，并向他人炫耀。只要是对人物形象或道具设计感兴趣，不管是作为兴趣还是工作，都可以考虑面向青少年消费群体，进行创作和作品销售。

ZEPETO，用 Build it 创造属于自己的空间

ZEPETO 并不止于让用户体验平台提供的空间，还向用户提供元宇宙的一大特色——创作系统。用户可以和自己的虚拟化身一起创造属于自己的空间。ZEPETO 里有许多虚拟化身和角色能够进入的空间，被称为地图（Map）或世界。创造这个空间的程序是 ZEPETO Build it，需要下载到 PC 端才能使用，在手机上无法使用。用户可以使用它打造属于自己的家、空间和场所等。

在 ZEPETO Studio 的主页，人们可以下载并安装 Windows 或 Mac 版 Build it 程序。安装完成后会出现登录画面，用户需要选择电子邮件或社交账号登录，登录后会出现 Build it 的初始画面。

Build it 提供给用户三种价值：

① 创造（Create it.）；

② 自定义（Customize it.）；

③ 娱乐（Play it.）。

ZEPETO 里有许多用户们极具创意的精彩作品，您可以参考这些，制作属于自己的空间。创作者即使不懂编码，也可以非常直观地进行操作。由于是在一个三维空间中进行制作，创作过程极具趣味性，创作者也可以发挥自己独特的想象力。

如果制作出精彩的作品，就可以在 ZEPETO 上公开发布。在阅读 ZEPETO Studio 审核指南后，上传项目并入驻商店，通过 ZEPETO 提供上架服务。在作品上架之前，审核人员还要判断作品是否遵守 ZEPETO 使用条款、ZEPETO Studio 使用条款与审核指南，以决定是否予以通过。最后审核确定通过的作品，将被公开成为用户可以使用的状态。为了让自己的作品对标到相应的用户层，创作者可以在上传过程中添加适当的标签进行营销。ZEPETO 为用户提供了一个可以作为创作者参与的经济生态系统，释放平台活力。

我也要成为电视编剧，ZEPETO 电视剧

近年来，人们已并不满足于单纯使用别人制作的内容，开始自己制作并分享内容，获得收益。最具代表性的案例就是利用 ZEPETO 制作电视剧。

用户可以在 ZEPETO 上制作各种角色后，操控角色按照故事情节做出相应的行为，并将其拍摄成视频，再用编辑软件编辑视频，很快就能制作出一段精彩的作品。随着 Z 世代纷纷作为创作者或消费者加入 ZEPETO 电视剧制作，ZEPETO 的人气正在进一步攀升。

ZEPETO电视剧能够激发并展现青少年学生的创造力，在这里大卖的电视剧可能在未来某一天被制作成电视剧或电影。

电影和电视剧也在元宇宙中复活

电视剧《德鲁纳酒店》是以一家专门收留流浪鬼魂的酒店为背景展开的故事，这部电视剧在全球都非常受欢迎。制作公司Studio Dragon在Naver的元宇宙平台ZEPETO上发布了德鲁纳酒店空间及其相关商品，上面的商品共有35种，包括主人公满月的帽子、礼服、鞋子和饰品等。此外，《德鲁纳酒店》中各种经典场景的视频展台也一同发布。

ZEPETO率先进行了这一改变，同时其他多个领域和行业也正在试水。就像在20世纪90年代掀起的互联网热潮，引得企业纷纷开始制作网页一样，现在，企业都在进军被称为3D互联网的元宇宙。这种趋势和变化对极具创造力和想象力的企业和个人来说，都是全新的机会。元宇宙将把原本只能作为消费者角色的顾客转变为生产者。元宇宙平台企业正在从用户消费收取费用的结构中，打造一个平台－用户共赢经济生态体系，即用户能够通过平台进行生产，产品能够分享流通、创造收益。

无论是个人还是企业，都应该关注并参与元宇宙生态系统。当新技术或新的商业模式问世时，抢占先机会成为巨大的竞争优势，如果只是一味地看着别人怎么做，那永远也得不到新的机会。

02　在《罗布乐思》创造收益

事实上，ZEPETO工作室模仿的是美国的《罗布乐思》。《罗布乐思》推出了集合用户直接制作游戏所需工具的罗布乐思编辑器（Roblox Studio）。

在罗布乐思编辑器网站首页点击"开始制作"，就会出现弹窗样式的工作窗。为了方便操作，平台提供了基础模板，在此选择想要的模板。

例如，如果想全部按照自己的想法打造空间和建筑，就选择只有地板的模板；如果想使用《罗布乐思》提供的基础空间或建筑结构，就选择相应的模板。如果想制作一个赛车空间，就选择"赛车"模板，然后在菜单中添加想加入的物品，之后一个赛车空间就制作完成了。

利用罗布乐思编辑器可以制作包括角色扮演游戏、冒险、格斗、障碍跨越等各种类型的游戏，还可以在游戏中添加收费模式，让玩家在游戏过程中购买具有特殊能力的道具，装备在虚拟化身上。随着普通人可以参与的游戏开发环境的建立，《罗布乐思》里的游戏数量超过了5 000万个，而且还在不断增加，每天都有新的游戏被开发并上传。截至2020年年底，参与制作游戏的开发者已超过了800万人。包括制作游戏解决学费的工科生、游戏专职开发者等，在《罗布乐思》赚取收益的人正在不断增加。在欧美，还出现了使用罗布乐思编辑器进行电脑编程教学的学校。

03　在 Gather Town 创造收益

在 Gather Town，用户可以直接使用平台提供的空间，还可以根据自己想要的设计和布局免费打造空间。如果想从 Gather Town 获得收益，首先要熟悉制造空间的方法和相关功能，积累经验，沉淀实力。

在 Gather Town 提供的基础模板目录中，有办公室（Office）、季节系列（Seasonal）、体验（Experience）、社交（Social）、会议（Conference）、教育（Education）六大预先设置的类别，您可以选择自己想要的。我们以选择办公室为例。

办公室类别中有 25 个空间选项，这些选项被依次罗列了出来，移动滚动条并往下拉，可以看到所有选项。在选择了模板后，画面当中显示了模板中包含的组件列表，包括办公桌、大厅、沙滩、会议室、露台、餐厅等，可供 2—25 人使用。在创建空间时，用户要输入空间名称，选择是否使用密码，并选择空间用途。

如果充分具备在 Gather Town 中打造空间的能力，用户就可以为企业、部门、学校等机构打造所需的空间，以此来获得收益。

目前，越来越多的公司和学校想创造一个空间用来举办仪式或进行活动。但是，要打造一个理想的空间，除非是具备一定实力的专业人士，否则是很难做到的。因此，目前有企业正在为开发 Gather Town 空间的专业人士提供外包服务。

在自由职业者接单平台 Kmong 上提供空间开发服务的人越来越多。开发内容包括 ZEPETO 世界地图和 Gather Town 空间。开发费用根据空间或地图的规模或图层（空间与空间相互区分的概念）数、物体不同，从几百万韩元到数千万韩元不等。如果各位对空间设计和设计感兴趣，并具备一定专业知识，这是一个值得挑战的领域。

04　在NFT和虚拟房地产领域创造收益

最近，推特创始人、前首席执行官杰克·多西（Jack Dorsey）用非同质化代币（Non-Fungible Token，以下简称NFT）拍卖了自己的第一条推特。这个史上第一个认定推特所有权的NFT通过拍卖以290万美元的价格售出。

2006年3月21日，杰克·多西发布了自己的第一条推特"刚刚注册了我的推特"（just setting up my twttr）。最近，他将这一条推特上传到了名为Valuables的平台上进行拍卖。杰克·多西表示，将把拍卖所得收益全部捐赠给非洲地区由于新冠肺炎疫情而受到损失的人。拍卖收益的95%为多西所得，负责拍卖的平台——Valuables获得剩下的5%。

NFT是一种数字资产，其概念与随时都可以用其他代币代替的同质化代币相反，且具有不可交换的特点。NFT基于区块链诞生，因此具备保障安全和去中心化的专有所有权。如果利用NFT的另一个特点——"智能合同"，根据合同结构，制作者今后在出售时可以获取专利费。

NFT是区块链生成的一种代币，每个代币都有自己的专有号码，是通过传送代币的方式进行相互交换的新文件格式。因此，如果它和数字文件相结合，就可以通过其专有号码轻松确认每个文件是否为原始文件以及所有人。

最近，备受瞩目的电子商务让小企业在线上就可以面向众多消费者开展业务，无须线下经营实体店。但是，电子商务是基于物理世界，实际制作和运输商品需要供应链，因此初期费用投入很高，这就形成了市场准入门槛。但是NFT是数字商品，因此制造商品的工厂不需要远程运输商品。只要将代币传送到数字钱包的地址，交易就完成了。就像线上交易一样，未来，NFT支付方式也将被普及。

NFT作为虚拟资产的一种，是利用区块链技术可以进行复制的数字内容，但在原始版本上赋予专有的标志，以认定所有权。携带商品相关信息的元数据再加上防止非法复制的时间标记相结合，就创造出了世界上独一无二的数字资产，给长期以来可以复制、本身毫无意义的数字资产赋予专有性，从而开启了认可其经济价值，并以适当的价格进行买卖的新市场。

在加密数字货币受到限制后，NFT市场开始受到关注。NFT虽然使用了区块链技术，但与现有的虚拟资产不同，它的特点是赋予数字资产额外的专有识别价值，因此不能相互交换。作为稀缺的数字资产，NFT每年保持着2倍以上的增长势头，2021年第一季度的市场规模突破了20亿美元。

初期积极引进NFT的领域大部分都是与数字收藏品相关，其中一个大获成功的案例是NBA Top Shot。球迷们通过平台交易那些被赋予了专有号码的NBA游戏影像精彩片段和制作成实物的数字篮球交易卡。最近，勒布朗·詹姆斯（LeBron James）的精彩片段以20万美元的价格售出，NBA Top Shot平台总销售额达到3.08亿美元。

快餐巨头麦当劳也在其法国区进军NFT市场，制作与NFT有关的活动，面向顾客销售数字麦乐鸡块、薯条、巨无霸和冰淇淋。

这是老一辈人难以理解的新经济生态系统，但是 MZ 世代非常自然地接受并认可了数字收藏物以及虚拟空间的所有权。

与元宇宙相关的 NFT 具有以下特征：

第一，像虚拟货币一样，投资利用区块链和 NFT 的虚拟资产，可以获得经济利益；

第二，图片、动图、3D 动画片、VR 等数字资产可以成为携带某种信息的 NFT；除了像以前一样提供实际的产品或服务，实现货币交换以外，虚拟数字产品也将成为可以交易的对象；

第三，NFT 不存在实际交易中会产生的运输、储存、产品瑕疵等问题。著名奢侈品牌在销售实际产品时，也同时在销售数字化的品牌形象；

第四，NFT 是赋予经济价值，连接粉丝或顾客的沟通桥梁。给有限的资产赋予经济价值或价格，使其可以进行收藏或交易，通过这样的渠道和方式，品牌与顾客建立了更加紧密、亲近的关系。从企业的立场来看，通过对品牌的宣传和市场营销，可以构建一个经济生态系统。

近期，NFT 最主要被用于 NFT 画廊。NFT 在数字作品上赋予非同质化代币，然后用于销售或拍卖作品的所有权。因为明确标示了所有权归属，所以通过数字作品本身就能看到它是属于谁的。拥有数字复印版本，并不意味着所有权就得到了认定，只有获得 NFT 才能获得所有权。NFT 市场中最具代表性的交易所 OpenSea 在空间当中开放了虚拟画廊，并展示了 NFT 上的作品。参观者可以欣赏到在 OpenSea 画廊已经出售或将要进行交易的作品。

与 NFT 一样，虚拟房地产交易网站 Earth 2 备受瞩目。Earth 2 将地球上所有土地分成 10 米 × 10 米大小的区域，是一个用实际货币进行土地交易的平台。

Earth 2 中的土地不是我们现实生活中的土地，而是利用卫星图像，在虚拟世界中制作一个与地球完全相同的虚拟行星，在虚拟行星上买卖的土地。在 Earth 2 中购买的土地只会在游戏服务器上留下记录，对实际现实不会产生任何影响。

尽管如此，很多人为了购买 Earth 2 的房地产，竞相参与竞标。从 2020 年 11 月到 2021 年 4 月，仅美国用户的资产价值就达到了 3 215 万美元。意大利用户在 Earth 2 虚拟房地产投资了 810 万美元，韩国用户也投资了 745 万美元。

投资平台 Republic 正在开发并销售元宇宙内的虚拟空间——数字房地产。疗养地主题的空间内布置了小庭院、帐篷、躺椅和家用桌子。该基金在 Decentraland、The Sandbox、Cryptovoxels、Somnium Space 等多个元宇宙虚拟空间提供服务，利用基金资金在这些虚拟空间中建造酒店、商店等房产，提高资产价值。为了开设酒吧和赌场等，他们正在与著名连锁酒店协商合作，将现实世界中常见的房地产领域"投资—开发—创造收益"的模式应用于游戏中的数字世界。该基金只有收到邀请函的 99 人才能加入，单人的投资金额最少为 2.5 万美元。

以前也有个人之间进行元宇宙空间交易的案例，但元宇宙空间作为投资商品的形式出现尚属首次。随着游戏玩家在元宇宙中停留的时间逐渐增加，包括展示、演出、购物和联谊在内，越来越多的经济活动在元宇宙上进行，数字房地产的投资价值也将越来越高。

人们之所以聚集在仅仅具有数字形象的虚拟土地上，是因为相信虚拟房地产将成为未来的替代投资手段。

第5章

Forecast

展望元宇宙的未来

虚拟生态：2025 的元宇宙

元宇宙正式被引入韩国是从 2020 年开始的。但是，在 2021 年的春天，人们充分体验了新冠肺炎疫情所带来的一系列变化之后，"元宇宙"一词开始通过大规模的新闻报道为人所知。就在几个月前，由于数字化转型，企业和组织还一度陷入混乱。

整个大环境营造了一种如果不尽快进行数字化转型，企业就会失去竞争力的氛围，企业就像是站在一个决定生死成败的十字路口。再加上人工智能、区块链等众多技术一夜之间都成为热门话题，面对这么多的技术，正处于混乱旋涡中的企业和个人遇到了元宇宙这一新概念。现在有很多企业都正在涌入元宇宙中，让人误以为引进元宇宙的企业走在时代前沿，而还没有引进的企业则落后于时代，技术也相对落后。因此，在同一个商业领域内争夺冠军的企业或组织，一旦听到竞争公司引进或利用元宇宙的消息，便担心自己稍有不慎就会在竞争中落后，进而被淘汰，因此也紧跟着迅速引进元宇宙。

迄今为止，世界上出现的技术都是独立的技术（虽然偶尔有复合技术，但彼此之间有明确的界限），在理解和使用方面没有太大的困难和混乱。但是当说起元宇宙时，有的人会说它类似 3D 游戏；有的人又会将它介绍成 XR、VR 或者 AR；有的人说，元宇宙里有代替用户的虚拟化身，与社交网络连接后还有区块链或 NFT，是使用 3D 网络、5G 互联网的时代需要的技术；也有人说元宇宙是平台，应该有双向互动。理解和使用一种技术都非常困难，而元宇宙涵盖了多项技术，所以无论是企业还是个人，对于贸然接触元宇宙都十分犹豫和害怕。

严格地说，元宇宙涵盖了上面提到的所有技术、工具和服务。还记得曾经流行一时的"Ubiquitous"吗？Ubiquitous是拉丁语，意为"无所不在"，是指用户不需要考虑电脑或网络，可以不分场所自由连接网络的环境。为了使用户随时随地都能方便地利用电脑资源，现实世界和虚拟世界被结合在了一起。"无所不在"是政府层面需要通过各种政策和战略推进的主题，但是这个概念仅仅在当时昙花一现，经过一段时间后就消失在人们的记忆中。

从Ubiquitous的定义来看，它和元宇宙似乎是一样的，但是，与Ubiquitous流行时期相比，元宇宙所包含的技术和服务得到了飞跃性的发展，当时没有的新技术和服务被开发出来，数量也有所增加。

要想了解元宇宙的未来，就必须了解元宇宙的概念、诞生、发展过程以及现状。综合前面的介绍可以知道，元宇宙并不是最近突然出现的概念，而是通过近30年多种技术的开发和发展不断进化出的概念。最近，随着计算、硬件和网络性能的飞速发展，同时积极融合区块链和虚拟货币技术，元宇宙展现出快速、大范围、惊人的发展势头。再加上半导体和光学技术的提升，融合HMD、可穿戴眼镜和人工智能技术，虚拟世界和AR技术的实用性和趣味性进一步得到提升，致使元宇宙的发展进一步加速。元宇宙不区分现实世界和虚拟世界的领域和界限，将两个世界实时连接起来，新的产业和服务以及新的附加价值将会得到扩散。

还记得2009年上映的电影《阿凡达》吗？在160分钟的时间里，人们戴着3D眼镜观看大屏幕上呈现的3D虚拟世界。在当时，这是

一个巨大的冲击,带来了令人惊叹的体验。笔者也因此被 3D 视频所吸引,在 10 年前 3D 电视首次在韩国面市时,就把刚买不久的大型 LCD 电视换成了 3D 电视,一度戴着 3D 眼镜沉浸于 3D 影像世界,这件事情至今记忆犹新。在电影中,海军陆战队前队员杰克是下半身瘫痪的残疾人,只能靠轮椅生活,但是连接到潘多拉行星后,代替主人公的阿凡达成了一名可以随意奔跑和行动的战士。

摆脱现实世界的制约,创造多样性是元宇宙的重要魅力和成功要素。过去只有在电影里才能体验的世界,现在通过元宇宙,成为我们可以亲身体验和经历的现实。

在家庭或网吧体验游戏要使用显示器画面,因为这是 2D 画面,无法带来立体感,所以玩家的沉浸感和兴趣会下降,但是,戴着头戴式设备体验的 3D 游戏提供了巨大的沉浸感和乐趣。顾名思义,3D 是一个和 2D 完全不同的世界。

现在让我们一起进入企业的世界吧。到目前为止，非面对面的视频会议常使用 Zoom、Microsoft Teams、Google Meet、WebEx 等平台，这些平台都是通过 2D 显示器进行会议，不仅没有立体感体验，而且显示器周围的墙壁、家具和事物等会分散视线，所以参会者很难完全集中于会议，且容易感到疲惫。

现在，视频会议可以在 3D 环境中举行。参会者不仅可以通过显示画面看到对方，代表参会者的虚拟化身们也可以一起聚集到会议现场。随着人工智能技术的发展，虚拟化身的面部是通过捕获本人的脸而形成，尽可能呈现出贴近本人真实长相的样子。

用户在说话时，虚拟化身的嘴唇也会跟着有动作；移动双手时，用户双手握着装有传感器的操纵杆，在虚拟世界的化身能够实时呈现做出的手势。这为用户提供了实际坐在会议现场聊天一样的现场感和真实感。当然，会议的效果也会有所改善。

如果要举行 3D 会议，就要使用头戴式设备。大部分企业向员工免费提供办公使用的笔记本电脑，未来基于业务需求，头戴式设备也将免费提供。目前，市场上的头戴式设备比笔记本电脑贵很多，但随着技术的发展，设备价格正在迅速下降。Oculus Quest 2 最低配置的价格为 40 万—50 万韩元。

由于费用问题，企业很难一次性为所有员工提供头戴式设备，企业会根据工作业务内容，将设备优先提供给在远程视频会议中必须使用到的员工。例如，在 3D 空间里利用设计图或原型模型进行深度创意开发；管理层利用各种统计资料或数据进行重要决策；开会讨论工厂的生产设备或建筑工地结构等。

另外，从公司的立场出发，头戴式设备也有副作用。如果有这样的设备，就可以下载并使用 3D 游戏，因此公司方面将开启阻止下载功能，使员工居家办公时无法使用公司提供的头戴式设备玩游戏。在这种情况下，头戴式设备的硬件配置低也没关系。最大限度地降低用于公司业务的头戴式设备硬件配置，那么价格为 10 万—20 万韩元的低价设备将会大量上市，我们即将进入一个同时拥有并使用公司提供的低配置头戴式设备和个人用高配置头戴式设备的时代。

01　元宇宙平台的未来

下面，让我们探讨一下企业应该关注哪些与元宇宙相关的技术或商业活动。构成元宇宙虚拟世界生态系统的基础设施要素有软件、硬件和平台。这三个要素各自将会衍生出巨大的市场和商机，如果企业能够同时覆盖这三个领域，将拥有更强大的能力，有可能引领市场和客户。

像《罗布乐思》、ZEPETO、ifland 这些平台的主要用户是爱玩游戏的年轻个人客户，最近为了吸引企业客户利用自己的平台，这些企业正在努力扩大商业领域。一些企业用户在这些平台上举行公司庆典、进行招聘介绍会或招聘面试、开展员工培训或研讨会等活动，还有服装企业开设了虚拟门店，与 MZ 世代的顾客接触交流，娱乐公司可以在元宇宙中面向全球粉丝举办著名歌手的演唱会、发布新歌。

Gather Town 也是元宇宙平台，主要是在虚拟世界中打造办公室、教育场所和活动场所等虚拟空间，展开相关活动的 2D 虚拟世界。与 ZEPETO 或 ifland 提供的时尚的 3D 空间和虚拟化身相比，Gather Town 提供的虚拟空间设计和虚拟化身非常粗糙，但是它更加突出虚拟化身之间进行交互的功能。因为在虚拟世界展开的画面中，用户并非只能看到虚拟化身，一旦化身之间的距离变近，就能通过摄像头看到操控化身的现实真人。因此，沉浸感和交互效果非常显著。ZEPETO 和 ifland 都只能让人们看到虚拟化身形象，要想与 Gather

Town 抗衡，就必须具备能够看到真实面容的功能。

在这种情况下，又一个强有力的竞争者出现了，那就是拥有全球 12 亿用户的 Meta。Meta 不久前发布了名为 Workrooms 的元宇宙平台，该平台将 2D 变焦与 Gather Town 的功能结合为 3D，进一步升级了设计和用户界面。

我们可以简单地对三个平台进行比较：Zoom 的用户总是看着真实人脸开会；Gather Town 可以让虚拟化身移动，如果化身之间距离变近，实际人脸就会出现在画面上；Workrooms 既像 Zoom 一样可以呈现人脸，又和 Gather Town 一样有虚拟化身移动功能。

因为 Gather Town 的虚拟化身设计非常粗糙，在屏幕上看到的画面也很小，所以总给人一种压抑的感觉。Workrooms 的虚拟化身形象与真人相似，设计精美，能给用户一种真人就在旁边的感觉。这是因为 Workrooms 利用人工智能技术，用摄像头捕获用户的脸部，最大限度地贴近用户脸部，制作虚拟化身，使得沉浸感和频繁的交互变为可能。在三维虚拟空间提供远程会议服务的元宇宙平台有 Spatial，此外还有芬兰企业开发的 Glue。笔者为了和读者分享使用体验，与 Glue 的高管在 Glue 上进行了会议。Glue 的用户界面与 Spatial 非常相似。Spatial 中的虚拟化身描绘了用户的真实面容，虽然很写实，但有时会给人十分怪异的感觉。Glue 就像 Workrooms 一样，虚拟化身让人非常有好感，且感到很亲切。

Glue 也需要使用头戴式设备。Glue 提供的虚拟背景非常梦幻、非常精美，带给人一种想去到那里的冲动。如果在这里开会，能够体验到非常强的沉浸感，并感受到空间带来的高级和奇幻的感觉。这里还有以瑞士的湖水为背景的空间、像沙漠酋长的帐篷一般的空间、以雪地为背景的空间和处在游艇上的空间等，每一个都极具魅力。笔者与 Glue 的高管 Jani 一起在各个空间移动，交流想法并举行了会议，在 Post It 上输入文字或共享 PPT 资料。

Glue 和 Spatial 主要以 B2B 为目标，建立并提供平台就像掌握了元宇宙生态系统的核心，因为这里聚集了数亿或数十亿的用户。由于平台的特性，顾客一旦进入平台，就会产生黏性，平台用户流失的概率比较低。这样一来，面向这些客户展开经济活动就成为一件易事。

但是，平台提供者需要考虑的是，向用户单方面地提供生态系统和内容都是非常危险的。要想持续开发新内容，需要大量的人力和资源，这最终还是会给用户带来经济压力。另外，MZ 世代希望毫无阻碍地表达自己的想法和意见，进行双向沟通。因此，元宇宙平台为用户提供了一条成为内容开发者、成为供应者的道路。这就是用户设计虚拟化身穿着的衣服或周边产品、打造虚拟空间、在市场上架并获得收益的经济系统。即便不是为了获取收益，用户也会为自己定制设计空间。

ZEPETO、ifland、Gather Town 等属于这一范畴。但是 Workrooms、Glue、Spatial 等是只有平台提供者才能进行设计的封闭平台。为了元宇宙追求的开放和双向交互，这些平台也应该转换成用户可以充分参与的开放型生态系统，并不断升级。

如果正在计划开发新的元宇宙平台提供服务，那么应该慎重考虑市场和用户领域、目标和定位等，以及如何实现与竞争公司的差异化、提供顾客价值等因素和变数，制定竞争战略并加以实施。如果拥有庞大的 B2C 顾客群体，那么扩张到元宇宙平台可能相对比较容易。

过去企业以庞大的资本为基础，集中建设线下购物中心、实现生产线自动化，但现在应该寻找的是将现实世界的商业竞争力和价值结合虚拟世界元宇宙，产生协同效应的方案。

例如，以实体店为中心销售家具和生活用品的宜家推出了IKEA Place，用户通过增强技术可以将家具虚拟地布置在房间中。古驰提供虚拟试穿实体店鞋子的服务。一流企业正在全力进军融合线下与虚拟世界的元宇宙平台，并构建生态系统。

企业通过元宇宙办公室增加员工之间的会议或合作，或引进数字孪生工厂，可以降低成本和运营费用，提高工作安全系数。目前，各个产业领域中有很多企业都进入了元宇宙。其中，发展速度最快的行业是金融界和娱乐领域等，游戏公司也加入了这一队伍。

金融界正在元宇宙内进行管理人员会议，通过多种研究和尝试寻找元宇宙使用方案。这一行动的战略是，由于线下窗口业务迅速减少，新一代对主要交易银行的品牌忠诚度较低，因此，企业想紧紧抓住元宇宙世界的主流和金融圈的主要顾客——MZ世代，以此作为未来的生存之道。

金融界的元宇宙战略不是为了创造眼前的收益，而是面向MZ世代宣传战略中的一步。这些都是为了引进元宇宙技术，积累技术和经验。未来，元宇宙世界将开启另一个金融市场。

娱乐业界巨头SM（以首席执行官Soo-Mahn Lee命名的韩流娱乐公司）与KAIST（Korea Advanced Institute of Science & Technology，韩国科学技术研究院）为了抢占元宇宙商业市场，开始一起进行相关研究和开发。两家机构计划通过研究内容、人工智能和机器人等领域的相关技术和虚拟化身开发，重点进行利用虚拟化身的元宇宙演出技术研究，其目标在于抢占元宇宙平台和文化信息领域的主导权。

第 5 章 Forecast：展望元宇宙的未来

虽然现在很多企业正在使用元宇宙平台 ZEPETO 或 ifland，但从长远角度来看，最终还是会受到平台的约束。因此，金融界、娱乐、时尚和体育等领域的企业都要开发并独立运营一个不依靠其他公司的元宇宙平台。就像过去认为在互联网上建立网站是理所当然的事情，未来构建元宇宙平台也是必需的。

美国企业应用云 CRM 软件公司 Salesforce 的创始人是马克·贝尼奥夫（Marc Benioff）。虽然对普通人来说很陌生，但对进行 B2B 商务活动的企业和员工来说，这是一家耳熟能详的企业。笔者也在直接使用销售服务 CRM，为全球企业的销售商提供培训和咨询。全球的一流企业和韩国的大企业很多都是 Salesforce 的顾客。

马克·贝尼奥夫是第一个提供订阅型云服务——SaaS 的人。他学的专业是程序设计，大学就读期间，于 1984 年在苹果公司麦金塔电脑（Macintosh）部门担任实习生，主要工作内容是寻找程序错误，对出色的程序员马克·贝尼奥夫来说，这是一件非常无聊的事情。但是他没有放弃这份实习，而是继续工作，因为能够见到史蒂夫·乔布斯。在结束实习大学毕业后，他加入了甲骨文公司，三年后成为营销副总经理。在甲骨文任职时期，他发现客户公司要想使用甲骨文的软件，必须购买程序套餐进行安装，为了维护和管理，还必须聘用专职员工。因此，客户必须购买套餐并安装高配置电脑，要承担财务压力以及雇用更多员工的风险。

他在甲骨文任职时期也一直保持着与史蒂夫·乔布斯的联系。有一天，在与乔布斯的会面中，他说出了自己的苦恼。于是，乔布斯给了他这样的建议："要想制造出易于使用、方便的产品，不是要新开发某种东西，而是要从消除某种东西开始。"

这一建议让马克·贝尼奥夫意识到，他不应该去开发容易安装程序的方法或技术，而应该制作根本不需要安装的程序（这就是云计算订阅型——SaaS 程序）。他本想在甲骨文应用这样划时代的概念，但因为遭到高层的反对而失败。最终他决定自己亲自开发程序，1999 年从甲骨文公司辞职后，他立即创立了 Salesforce。Salesforce 有三个理念：

第一，在不安装软件的情况下，只要连接到云就可以运行；

第二，无须购买全部套餐，只需要使用所需套餐，并支付相应费用；

第三，程序和用户输入的数据维护、BIOS 管理将由 Salesforce 在线代理。

由于这一新颖的、划时代的服务方式，Salesforce 受到众多一流企业的欢迎。因此，Salesforce 创立 4 年来，员工人数达到 400 人，年销售额达到 5 000 万美元，实现了飞速成长。但是，他并不满足于公司仅处于创业水平，认为有必要跃升到更高的平台。一直没能找到好主意的他为了征求意见，在 2003 年去苹果总部与史蒂夫·乔布斯见了一面。

他向乔布斯展示了 Salesforce 提供的服务，希望乔布斯对产品提出一些评价。但是，刚开始乔布斯没有对商品做出任何评价，也没有提出任何建议，只是说道："要想成为一名优秀的 CEO，就要考虑未来。提供更好的产品固然重要，但更重要的是要能够说明为什么提供这个产品，以及公司未来的发展规划和蓝图。"也就是说，在推出产品和服务时，要思考这在公司未来的蓝图中起到什么作用，如何与其他服务联系起来。最后，乔布斯向贝尼奥夫建议道："应该构建一个

第 5 章　Forecast：展望元宇宙的未来

应用程序生态系统。"

对于乔布斯所说的"应用程序生态系统"一词，贝尼奥夫进行了长时间的思考和研究，但却一直没能想出一个值得尝试的点子。2005年，贝尼奥夫在某家餐厅用餐时灵光乍现，想到了开发部门进行业务改善的方案，那就是开发一个平台，在 Salesforce 打造两年前乔布斯建议的应用程序生态系统。

当时 IT 公司招聘人才和工作的方式几乎完全相似，基本上都是聘请能力强的程序员，然后在一个封闭的空间里各自开发自己负责的功能，最后集合他们的成果，推向市场。但是从某个瞬间，各个企业开始意识到这种方式存在问题。工程师们耗费大量时间和精力开发出的服务对用户来说并不需要，因此遭到了弃用。再加上面临聘用新程序员的情况时，贝尼奥夫认为需要对这种方式进行改革，恰好与构建云应用生态系统平台的创意连接起来。

他提出的创意并不是公司制订项目开发计划，然后分配给程序员进行开发的单向模式，而是开发者或用户制作自己需要的应用程序，上传到 Salesforce 平台，以提供给其他用户下载并使用。

他在餐厅的纸巾上写下了自己的想法。为了实行这个想法，Salesforce 的服务改变为平台方式，这就是 Salesforce AppExchange。

通过 AppExchange，平台可以向用户提供各种此前没有的企业管理软件，开发者也因此获得了收益，形成了共同成长型良性循环生态系统。当时在生态系统中共享的应用程序超过 5 000 个，销售额也与之成正比，飞速增长。

在苹果公司 iPhone 系列上市后的第二年，也就是 2008 年，参加苹果开发者大会的贝尼奥夫在看到乔布斯演讲中介绍的 App Store 时颇为震惊。给自己提议构建"平台生态系统"的乔布斯也成功创建了应用程序商店平台。这是全世界开发者制作并销售应用程序的内容市场。乔布斯创造了一个 iPhone 与 iPad 生态系统。苹果手机上市一年后推出的应用程序商店将 iPhone 打造成与现有的智能手机完全不同的产品。销售额由开发者和苹果以 7:3 比例分成，这是一个为软件开发者打开新世界的生态系统平台。

贝尼奥夫在 2019 年接受《华尔街日报》采访时这样说道：

"乔布斯告诉我，创新绝不是在真空状态下发生的。企业的成功并不是推出一个热销产品，只有当数百种产品和服务有机地连接在一起时，这个企业的未来才能得到保障。而且，当所有内容是基于观察力打造时，会给消费者带来另一个层面的感动。他没有创新产品，他创新了整个生态系统。"

要想创新元宇宙生态系统，必须构建强有力的元宇宙平台。比起产品、技术和服务开发，更重要的、必须首先开始的是开发拥有良性循环的生态系统和平台。

02　元宇宙硬件和软件的未来

如果将元宇宙定义为 3D 网络、虚拟世界和 AR 等，那么利用 3D 功能就是不可或缺的。人类视力看到的现实世界是 3D 的，所看到的虚拟世界却是 2D 的。如果想突破这种局限，在视觉上打造虚拟世界的 3D 体验，就需要辅助设备。目前可以使用的 HDM 有 Oculus Quest、Pico Neo、PC VR 等。

在元宇宙崛起之前，头戴式设备主要应用于 3D 游戏。但是由于头戴式设备价格高昂，给用户带来了一定的经济负担，因此销量不高，且一直未被普及。再加上游戏公司并没有为用户提供充足的 3D 游戏内容，即使购买了昂贵的设备，可以体验的游戏内容也十分有限，这也成为其无法得到广泛应用的原因之一。

突破这一障碍的企业就是 Meta。Meta 虽然拥有超过 12 亿用户，但由于没有电脑和智能手机这样的硬件设备或专门的操作系统，长期以来只依靠那些掌握设备或系统的大企业，使得公司经营不稳定，业务和收益随时都可能遭受严重打击。从长远来看，没有操作系统和硬件平台经常会带来面临危机的不安感。马克·扎克伯格认为，在虚拟世界和元宇宙时代，应该掌握操作系统和硬件平台的霸权，并且他为此做了很长时间的准备，向巨额收购的 Oculus 投入了大量的人力和资源，将 Oculus Quest 2 的售价大幅降低，降低了消费者的进入门槛，因此 Oculus Quest 2 销量超过了数百万台，还推出了使用 Oculus

Quest 连接的元宇宙虚拟世界会议平台——Horizon Workrooms。Meta 终于将元宇宙平台的硬件和软件基础设施全部掌握在手中，在元宇宙世界里，开启了主宰自己的命运、不再将其交给谷歌或苹果的新历史。

被 Oculus Quest 2 低价攻势震惊的竞争企业又再次因为 Horizon Workrooms 的发布面临着重大生死关头。开发和生产硬件的企业希望需要自己设备的元宇宙平台大幅增加，还希望使用设备进行比赛的游戏内容也不断增加。但是如果拥有元宇宙平台的企业甚至还生产设备，那么他们自己生产的设备将设计得更加适合自己开发的元宇宙平台，这样一来，竞争设备的企业就会失去立足之地，最终只能倒闭。

《堡垒之夜》、ZEPETO、ifland 等平台都是移动端使用且都呈现的是 2D 画面，因此使用这些平台不需要头戴式设备。但是 2D 画面在用户的体验方面存在局限性，因此不久后扩展到 3D 的可能性较高，到那时头戴式设备将成为必不可少的设备。可以预见的是，这些平台为了提前做好准备，很有可能正在秘密开发 3D 版本和头戴式设备。如果有一天 3D 平台和头戴式设备被同时公开，并开始提供服务，只生产头戴式设备的企业很有可能因收益下跌而破产。

过去的产业结构是掌握某一个领域的专业和特殊技术，软件和硬件分别单独进行制造，然后双方进行合作。但是，在元宇宙时代，将构建一个软件、硬件和平台等所有内容共同开发，实现垄断的生态系统，掀起一阵甩开潜在竞争者，打造全垄断、高收益价值链的热潮。

元宇宙平台或硬件开发必须具备驱动并运行这些的软件。拥有足够资本的大企业只要下定决心，就可以开发平台和硬件所需的软件。相关内容在前面章节中已有涉及，这里将主要说明除平台和硬件以外

第 5 章 Forecast：展望元宇宙的未来

的其他领域中必要的软件。

元宇宙平台有预先设置好的空间，虚拟化身在这些空间里活动。因此，必须有设计、开发空间和虚拟化身的软件，开发这些软件也是一块巨大的商业领域。

在 ZEPETO 或 Gather Town 中，不直接使用平台提供的空间，而是按照自己的需要设计开发空间，这样的需求正在迅速增加。

随着新冠肺炎疫情防控常态化，企业从原来在办公室工作转变为居家办公。几家企业将现有的办公室彻底关闭，所有员工都开始在元宇宙虚拟办公室里办公。此时，虚拟办公室的设计必须是使用者熟悉的结构、布局和装修，给人一种亲近感和安全感，这样才能让员工们投入工作。因此，很多企业正在开发并使用与办公室结构、设计和布局相同的元宇宙虚拟办公室。

像这样将现实世界的建筑 1∶1 建造在虚拟世界中的技术称为"数字孪生"，意味着将模拟大厦打造成在数字世界里的双胞胎。将室内结构和布局复杂的高层大厦构建成数字孪生的工作并不容易，因此，专门开发简易制作数字孪生软件的 IT 企业正在增加。哪怕不是 3D 的数字孪生，只是打造一个 2D 虚拟办公室——Gather Town 的定制型办公室也需要耗费大量的开发和工作时间，需要投入大量的人力和费用。因此，承接这一工作进行代替开发的公司和软件开发也将进一步增多。

除了虚拟空间外，开发虚拟化身也是新的商业领域。随着电脑硬件和人工智能技术的发展，元宇宙平台使用的虚拟形象可以像迪士尼动画片一样，制作成接近真实的样子。虚拟化身与现实世界实时连接，现实中的真人说话、做手势和移动等动作，化身都能够流畅地展现出来。目前，将其变为现实的元宇宙平台只有 Horizon Workrooms、Spatial 和 Glue。实现这一功能需要高电脑配置和软件技术。

目前，ZEPETO 和 ifland 使用的化身只能通过键盘操作移动，未来，他们将发展到灵活运用 3D 实景渲染技术，实时、流畅地展现真人的语言、行动、手势的水平。在虚拟化身渲染和开发方面，他们主要使用的平台是 Unity。Unity 提供免费使用服务，关注并体验这个平台，也许会带来帮助。

03 面对元宇宙时代，个人的未来

前面，我们了解了和元宇宙相关的企业和商业的未来。那么下面让我们一起思考一下，元宇宙时代会给个人提供怎样的未来。

现在正在掀起的元宇宙热正以惊人的势头扩散到各个领域。这不是昙花一现，而是将永远持续。因此，领军企业纷纷投身于元宇宙。在相关业界未能占据领先地位的企业正试图将元宇宙作为机会，实现翻盘。因此，各个企业正在进行试水，利用元宇宙平台开发相关技术。通过这些尝试掌握了一定经验和技术的企业正在打造属于自己的元宇宙平台并不断发展升级。

由于资金充裕，企业可以成立推进元宇宙的专门小组或聘请专家咨询，尝试进行各种投资，但个人却做不到这些。在这种情况下，让我们思考一下个人应该集中于哪些领域，做出什么选择。

通常来讲，一个概念只要通过阅读资料或专家介绍即可理解，也就是说，理解概念，将其变为自己的东西并不难，只要有一点好奇心、意志力和努力就可以了，但是要想理解元宇宙的技术和应用，必须直接使用并体验。

元宇宙涵盖了很多第四次工业革命的技术，没有技术基础或背景的群体与掌握技术基础的人相比，可能会处于相对劣势的地位。

本书的读者在看到被认为是十多岁青少年的游乐场——《罗布乐思》《堡垒之夜》、ZEPETO 和 ifland 相关内容或新闻后会产生什么想法呢？大部分人认为那都是孩子们玩的手机游戏而已，所以既不好奇，也不关心。但是，如果企业在这里举行活动，召开经营战略会议，举办新生入学典礼和招聘介绍会、新员工培训，服装企业开设虚拟卖场，著名歌手举办演出，那么就会引发部分关注。

从杰弗里·摩尔（Geoffrey Moore）发表的技术采用寿命周期理论来看，新技术问世时，创新者最先关注并体验，接着用户群扩大到早期采用者，然后陷入"鸿沟"中，这项技术就此消失了。幸运的是，如果跨越了鸿沟，这项技术就会进入早期大众群体中，拥有了市场和用户群体，也就意味着技术被市场接受并得到发展。

对新事物充满好奇和关心的创新者和早期采用者就属于这一范畴。首先体验和接受的人相比大多数人拥有更有利的优势，因此他们获得新机会的概率很高。各位是属于哪一种类型？

如果在观察他人的体验之后，知道或体验元宇宙的人不断增加时，再接触元宇宙，那么就将成为落伍者。早起的鸟儿将虫子"全部"都吃光了，一只虫子都没有了。如果起得晚，终究会被饿死，这就是元宇宙时代的生存法则。

只有经历和了解某种东西，才能从中获得或创造新的机会。从现在开始，我想为个人指明方向，并提出一些有帮助的建议。

下面是元宇宙的七步接近法，帮你把元宇宙变成自己的东西。

第一步，在智能手机上安装并使用 ZEPETO 和 ifland 应用程序。如果有 iPad 或平板设备，可以在平板上也安装一个，使用大屏幕尝试进行体验。依次点击平台应用程序提供的菜单和功能。安装后不久就会出现关注的粉丝，他们都是十多岁的青少年。不要无视他们，为了要在应用程序里多逗留、多体验，可以和他们互相关注。可能会有

第 5 章　Forecast：展望元宇宙的未来

人赠送装备，遇到这样的情况时，感激地收下并使用吧。刚开始可以观察其他用户都做些什么，然后参加他们的活动。

第二步，在第一步有了一些体验之后，大家也开始积极行动起来吧。把自己的虚拟化身打扮得漂漂亮亮（这样粉丝数才能增加），与其他用户交流并举办活动。在大家举办的活动上，可能有许多不认识的人参加并四处参观。可以对他们表示欢迎，与他们进行交流。他们也很有可能大部分是十多岁的青少年。不要认为这是在浪费时间，在其中尝试并体验各种事情吧。只有通过这样的过程和体验，才能产生与大家现在所做的事情或关心的事情有关的好点子。

第三步，在计算机的谷歌浏览器上登录 Gather Town 网站，加入会员并使用。ZEPETO 和 ifland 只有移动端应用程序，而 Gather Town 只有 PC 浏览器版本。应用商店中有很多应用程序名字与 Gather 相似，这些都是毫无关系的应用程序，可以直接忽视。

参加其他人在 Gather Town 主办的活动积累经验之后，自己也可以成为主办者招待客人。刚开始可以和家人、朋友、同事们一起试一试。

第四步，读完本书后，就能了解元宇宙的所有基本内容，到达可以灵活运用的水平。从现在开始，如果在报道、新闻或专栏中看到元宇宙的相关内容，请点开页面并仔细阅读。这样就可以看到元宇宙正在如何改变世界。只有看到世界的变化，才能规划自己的方向和计划，包括自己该去哪里，又应该怎么去，等等。

第五步，只有各位了解并体验元宇宙是完全不够的。带着家人和员工一同理解并体验元宇宙吧，和他们一起使用元宇宙平台。

第六步，如果拥有头戴式设备或可以购买，请使用 Spatial、Workrooms 和 Glue 等平台，大家将会体验到一个惊人的全新世界。

一旦熟悉这样的世界，大家应该就能迸发出更好的想法和创意来利用元宇宙。逐个尝试这些想法。这样一来，大家就将迎来全新的机会，并拥有强大的竞争力。

第七步，给那些不知道元宇宙的人分享自己的认识和见解。分享得越多，自己的水平和实力就越高。如果自己的实力逐渐为人所知，那么就会有人来寻求帮助或合作。

现在，元宇宙每天都在发展，企业和个人也正在快速地参与其中。从2021年到2022年一年的变化来看，一些出乎意料或者说超出期待的成果正在诞生。

那么，元宇宙商业的未来将会怎么样呢？

只有了解元宇宙商业的趋势，才能提前做好准备或参与其中。因此，应该要确定未来的目标，根据趋势制定应对战略。

虽然有很多因素对元宇宙的发展或普及产生最重要的影响，但其中软件和硬件技术是核心。因为30年前面世的元宇宙之所以在最近1—2年成为热门话题，也正是因为与元宇宙相关的这些技术不断发展，形成了大爆炸。

与元宇宙直接相关的领域、企业和个人都深知这些，并正在有效地推进各自的事业。因此，笔者为元宇宙的用户、未来可能成为供应商或开发者的个人提出了以下几条应对策略：

对中小学生的建议

有不少学生正在使用《罗布乐思》、ZEPETO和ifland，这是对用户进行资料统计得出的结论。要想加入并使用元宇宙平台，必须知道

第 5 章　Forecast：展望元宇宙的未来

操作和使用菜单的方法，但是作为用户，仅仅停留于在元宇宙上消费是不行的。到 2025 年，元宇宙很可能将在我们的生活（生活和学业等）中进一步深入、广泛地扩散。就像现在从每天早上睁开眼睛到晚上睡觉，一直和智能手机一起生活一样，到那时，元宇宙也可能代替智能手机。也就是说，现在为大家所熟知的智能手机有可能消失。

要体验最有趣的元宇宙平台。加入《罗布乐思》、ZEPETO 和 ifland，虽然一开始只是一名参与者，但要逐渐开始举行活动，积极增加活动体验，成为一名主导者。通过这些平台与其他人交流，建立关系，提高使用平台的能力。

之后要向利用平台生产性质的元宇宙功能发展，即在平台上举行会议、开展合作。例如，目前远程授课的平台中，Zoom 的使用量最高，也许今后元宇宙将会代替 Zoom，或者 Zoom 也可以升级成元宇宙平台。

不要只停留于在平台上参加活动，而应该制作虚拟化身的周边产品、设计空间地图，通过这些，增加创造收益的经历和体验。这些经历和事例应该记录在大家升学或入学考试的生活记录簿或自我介绍书上。

还有一点很重要，那就是运营个人博客，按文件夹进行分类区分，发布并记录元宇宙的经验和案例，还要培养并开发在元宇宙上沟通、合作、开会和主办活动所需的软实力。寻找并研究各国学校或学生如何利用元宇宙的案例也会有一定帮助。学生时代以这种方式体验并积累实力，到进入大学或进入社会时，大家就能够快速适应，在元宇宙中获得很好的机会。

对准备就业的大学生或求职者的建议

目前，有许多入职面试也是在元宇宙中进行。但是，如果不了解或者不熟悉元宇宙的使用方法，在面试过程中就很容易尴尬，回答面试官的提问也变得吃力。进入元宇宙平台后，如果不知道使用方法，就会感到十分慌张，这样就很难集中精力面试，面试的结果也不会好。

元宇宙平台是进行交流和工作的工具。工具不熟练，就会发生问题。如果想熟悉工具，那就要练到能够非常自然地使用。

在前面给中小学生的建议基础上，进行元宇宙规划，了解运营技巧，积累相关经验，就会有所帮助。熟悉空间地图设计或三维设计程序——Unity 也是一个不错的选择。

就业后要想直接适应元宇宙，进行工作，提高生产效率，就必须要提高自身素质，开发商业能力。

对创业团队或公司内风险创业团队的建议

如果是这部分群体，可以参考前两项提出的建议。在此基础上，还要研究国外企业引进或利用元宇宙的案例，并获取相关资料进行分析。因此，开发融合利用元宇宙的商业模式，并将其尖端化发展是必须经历的过程。

最好将结合或应用元宇宙的创意和方法也包含在项目企划书当中。

第6章

Build

构建元宇宙合作系统

01　打造元宇宙平台生态系统

专家表示，要想维持元宇宙平台生态系统，就必须具备四大飞轮（见图 6-1）：开放世界（Open World）、沙盒（Sandbox）、创作者经济（Creator Economy）、虚拟化身（Avatar）。如果四大飞轮中的任何一个力量薄弱或失去向前的推动力，元宇宙的竞争力就将消失。

图 6-1　元宇宙平台生态系统的四大飞轮

1. 开放世界 ⇒ Moving（移动）

每个使用者都可以在虚拟世界不受限制地自由移动、探险、举办或参与活动。目前的在线游戏虽然有无限的空间，但玩家不能自由行走，而是需要沿着规定的道路执行任务，完成线性的游戏剧情。用户只是单纯地消费游戏，只能从开发者制定的剧本和选择题中进行挑选。

在开放世界里，用户的自由度高，根据选择不同，会出现不同的结果。因此，用户的平台滞留时间变长，中途停止或离开游戏的概率降低。这与现在的游戏不同,用户不再只是单纯的消费者,而成了创造活动和空间的生产者。人们可以自由地在空间中移动,去到任何地方。例如,《我的世界》的整体地图面积为 36 亿平方千米,约为地球表面的 7 倍。

用户在这个无限的空间里自由移动、耕作、开采矿产、建造城市和房屋、制造武器,建设属于自己的世界和村落。在 ZEPETO 上,用户只要点击一次,就可以选择移动到各种应用程序或空间。

人们热衷于元宇宙的理由之一,就是这是一个有自主选择权的开放世界。因此,对自由想法和流畅体验赋予极高价值的 MZ 世代对此表示十分欢迎。

2. 沙盒 ⇒ Making(制作)

大家小时候应该有过玩沙子的经历。只要有沙子,就能建造出漂亮的城堡、蛤蟆窝,可以随心所欲地建造任何东西。如果堆到一半觉得不满意,就可以推倒重新再堆。在堆沙子的过程中,还可以培养无限的想象力、创造力和协作能力。自己可以主导一切并取得成就,这就是沙盒游戏的魅力所在。在现在的网络游戏中,没有获得这种体验的机会。但是在元宇宙平台,用户可以使用游戏或系统提供的工具或地图制作工具、物体、建筑物或地标。如果只是单纯体验游戏,用户离开游戏的概率会很高,但是在拥有自己制造物品的元宇宙平台,用户不会轻易离开。这就是锁定效果,即"即使有人因为不知道而从未体验过,也没有人只体验过一次"。因此,《罗布乐思》《我的世界》、ZEPETO 和 Gather Town 用户的流失率较低。企业之所以热衷于元宇宙平台，就是为了达到这种先驱优势。

《罗布乐思》的用户们利用罗布乐思编辑器制作游戏。这个工具操作起来十分简单，即使是小学生，只要有创意就能制作出有趣的游戏。在罗布乐思工作室上，有 800 多万人开发游戏，制作的游戏超过了 5 500 万个。

ZEPETO 的用户也可以用 ZEPETO Studio 制作并销售虚拟化身服装。用 ZEPETO Build it 制作地图，用"ZEPETO 电视剧"制作视频和动画片。

Gather Town 用户也可以制作自己想要的地图和物体。制作的地图可以共享，给用户带来更多的便利。平台开发企业提供用户参与型内容开发工具，主要是因为在封闭的情况下制作提供所有内容，需要耗费大量的时间、努力和费用，而且内容的数量也会受到限制，而如果让用户制作内容，就会不断创造出新颖的内容提供给平台，从而能够丰富其他用户的体验。内容和自主式用户的体验可以通过介绍或推荐，不断吸引新用户的参与和流入。

现有的游戏是由供应者制作并提供内容、用户只能在提供的范围内使用的自上而下结构，而元宇宙平台是用户制作并提供内容的从下到上结构。这是打造元宇宙平台无限良性循环系统的动力。

3. 创作者经济 ⇒ Earning（经济活动）

用户进入元宇宙平台并在元宇宙当中消遣时间是为了获得与众不同的体验。因此，平台需要提供多种多样的内容。但是平台供应商无法提供所有的内容，从而陷入内容短缺的两难境地。平台提供开发工具和系统，让用户成为内容开发者和生产者。从长远的角度看，这能够带来双赢的协同效果。虽然用户一开始是内容消费者，但当用户变为生产者，开始进行经济活动时，创作者经济就将形成良性循环。这样一来，用户被锁定在平台上的效果也会相应增强。《罗布乐思》中用户使用一种叫作 Robux 的游戏货币。

用户如果想体验其他用户制作的游戏，就必须支付 25Robux 到 1 000Robux。要想在游戏中获胜或取得好成绩，必须购买收费项目，在这种情况下开发者将获得一定的收益。

ZEPETO 中，用户可以用 Zem 币购买想要的单品。一件虚拟化身的服装需要 10—20 个 Zem 币。《罗布乐思》和 ZEPETO 的开发者如果销售收益达到一定金额，就可以提取现金。到目前为止，《罗布乐思》向开发者支付的收益超过 2 800 亿韩元。美国一名 20 岁青年开发《罗布乐思》游戏，一个月收益可达 5 500 万韩元左右。ZEPETO 中也出现了月收益 1 500 万韩元的用户。专门设计和制作虚拟化身装备的个人和企业正在涌现。这意味着，新的职业和工作岗位正在出现。

4. 虚拟化身 ⇒ Existing（存在感）

虚拟化身即代替用户的第二角色，通过鼠标和键盘操作。人们可以用虚拟化身与元宇宙的其他化身或事物进行交互和沟通。元宇宙中有三种交流方式。

第一种，虚拟化身的特定动作被存储为情感表达动作，从而传递用户的情感。ZEPETO 利用人工智能技术，在化身上设计了 1 000 多个用户表情。SKT 的 ifland 也提供了 66 个感情表达模式，可以表达喜欢、讨厌和感激的感情。

第二种，用文字方式进行聊天。这是现有的在线工具所使用的沟通方式。

第三种，如果化身之间距离变近，且缩小到一定范围内，摄像头和麦克风就会自动启动。这样就可以和对方进行视频通话。就像在线下移动到一定地点，和别人对话一样。当自己的虚拟化身向其他化身移动或其他化身靠近自己时，摄像头和麦克风就会开始工作。如果化身之间的距离变远，摄像头和麦克风会自动关闭，对话也就无法进行。

在元宇宙中，虚拟化身将用户的一切表现出来。其中非常重要的是虚拟化身的外表要看起来像真人一样。因此，用户们往往将虚拟化身打扮得帅气、有个性。就像现实世界人们喜欢买名牌一样，在元宇宙上用户也用名牌装扮自己的化身。因此就开启了买卖商品的经济体系。

元宇宙平台要想成功，四大飞轮将分别向用户提供怎样的行动，从而获得怎样的成果，并产生怎样的感受是非常重要的。今后如果想开发元宇宙平台提供给用户或者企业和机构作为内部平台自行开发元宇宙时，必须考虑这一点。

四大飞轮需要知道对每个用户做什么样的动作，最终会得到什么样的成果，体验到什么样的感受。首先，概括其整体概念如图 6-2 所示。

第 6 章 Build：构建元宇宙合作系统

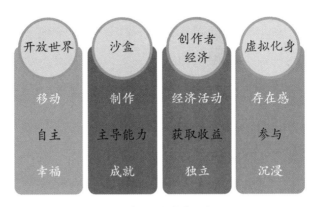

图 6-2 图解元宇宙平台生态系统

在开放世界中，用户的行动是移动。用户可以在提供的地图和空间中随心所欲地自由移动，通过这些获得自主和自由，此时感受到的情感是幸福。

使用沙盒，用户进行的行动是制作。在平台当中，用户既可以成为使用者又可以成为生产者。通过这一特点，用户能够拥有主导能力，获得成就感。

通过创作者经济，用户可以进行经济活动，可以将自己制作的道具、游戏或地图销售给其他用户。通过这些可以获取收益，获得经济独立的稳定感。

用户用虚拟化身表现自己的存在感。用户的一切行为和活动都由虚拟化身代替参与。通过这些，用户获得参与的成果，并产生了沉浸感。

要想拥有成功的元宇宙平台生态系统，必须让用户进行这四种动作，并通过这些动作获得四种成果，然后获得四种情感，元宇宙平台就会拥有一个持续、成功的生态系统。

02　打造元宇宙虚拟办公系统

元宇宙现在已经成了获得很多人认可的新概念。有关元宇宙的动态和报道每天都在涌现，元宇宙曾被认为是昙花一现，现在却有众多企业正在积极利用元宇宙将其引进各种商业。元宇宙不仅成为极受MZ世代欢迎的游戏空间，还成为新的社交媒体，因此全球的企业和品牌纷纷争相与元宇宙平台企业合作，元宇宙正在成为合作营销平台。

这种变化不仅体现在广告和市场营销上，还体现在内容开发及供应、新商业验证及上市、HR、教育和活动中。特别是随着新冠肺炎疫情防控常态化，企业组织的工作环境和文化迅速转变为线上办公，元宇宙也因此备受关注。

元宇宙最初是游戏，然后扩展到娱乐领域，之后扩大为市场营销和宣传。大部分平台倾向于进军以个人为对象的B2C领域。最近，以企业为服务对象的B2B领域正在迅速扩大。包括居家办公在内的远程办公、负责员工招聘和教育的HR、企业活动和会议、海外合作伙伴或分公司的合作等工作内容全方位地与元宇宙结合在一起。

元宇宙一词虽然诞生于几十年前，但一直没有得到多少关注，从2020年才开始正式崛起。随着硬件和软件技术的发展，元宇宙成为最热门的主题。

第 6 章　Build：构建元宇宙合作系统

居家办公的员工们通过 Zoom 或 Teams 等方法已经在线上进行了一年多的会议和工作。由于提供在线视频工具的解决方案数量非常有限，因此用户的选择范围比较小。全球使用人数最多的解决方案是 Zoom，约有 80% 的企业和学校通过 Zoom 进行会议、业务和教育等活动。但是人们在使用 Zoom 的过程中，开始感受到 Zoom 的功能不足，使用过程中还会产生疲劳。在没有合适应对方案的情况下，元宇宙出现了。

本章将集中介绍元宇宙应用于游戏或娱乐的方案以及元宇宙应用于企业和机构业务并形成体系的方案。下面将通过介绍至今为止使用最多的视频会议解决方案 Zoom、元宇宙虚拟办公室 Gather Town 以及在线协作工具，一起来了解适合元宇宙业务系统的解决方案。作为参考，在线协作工具选择了在工作中使用最多的 Trello 和 Padlet。

Zoom

Zoom 拥有很多优点。首先，任何人都可以通过简单的注册就能够进行使用。受到邀请的参会者，无须登录注册，直接点击被告知的入会链接或输入会议密码就能够参会。

如果想同时看到参会者的面部、共享的资料画面并使用聊天窗口，最好在计算机上使用。如果有多个显示器，就能达到更好的效果。如果正在户外或移动中需要参加 Zoom 会议，也可以使用手机应用程序参会。

会议创建者可以通过简单的操作预约和举行会议。选项卡的设计非常直观，易于使用。Zoom 支持共享资料画面，因此所有参会者都可以看着同一画面进行会议。可以多人同时登录，免费账号发起的会议，最多参会人数可以达到 100 人，如果发起人使用的是付费账号，那么最多可以达到 1 万人以上。还可以进行会议录制，并分享录制内容，不过只有主持人才能进行录制。参会者可以通过各自的摄像头进行视频通话，当然，只能看到面部，读取身体语言存在一定的限制。参会者通过摄像头展示自己的脸和身后的背景，如果不想展示背景，可以使用虚拟背景来保护隐私。

在 Zoom 可以聚集很多人举行会议、讨论会和培训等，如果需要进行分组活动或小组讨论，可以利用小会议室功能，分组进行。在小组会议进行过程中，可以再次进入全体会议室聚到一起。

如果会议不是立刻开始，而是在几个小时后或几天后，就可以使用预约功能调整会议开始时间。如果使用等待室功能，那么只有主持人允许的人才能入会，这样可以阻止其他人闯入会议，造成干扰。

Zoom 是基于云计算提供服务，因此在电脑上无须安装其他应用程序，使用起来非常方便。40 分钟之内可免费入会 100 人。如果主持人是付费会员，那么被邀请的参会者即便不是付费会员也可以长时间参会。

另一方面，Zoom 也有以下几个缺点：第一，因为 Zoom 是基于云计算提供服务，所以在安全方面多少有些薄弱；第二，不能像线下会议一样，参会者之间的交互难以实现，因此，很难通过短暂的闲聊或小型谈话来体现创意性；第三，因为只通过摄像机展示面部，所以很难给用户带来归属感，无法得到参会者处于同一空间的体验，沉浸感低。参会者在各自固定的座位上不动，只用摄像头展示脸部，使会议进行过程十分单调。参会者长时间看着显示器屏幕，很容易感到疲劳，因此，越来越多人产生了 Zoom 疲劳症。

Gather Town

Zoom 的方式是参会者用摄像头直接展示脸部，但 Gather Town 是利用代替自己的虚拟化身出现在虚拟空间里，可以随意移动到想去的位置或在空间里随意移动，和别人靠近后还可以面对面进行对话。使用 Gather Town 的体验，就像是在虚拟空间里准备了一个 2D 办公室。这叫作地图。

Gather Town 有以下几个优点：

首先，用户在简单注册账号后就可以使用，就像玩 2D 游戏一样有趣。被邀请的人在点击相关链接时，只要简单填写虚拟化身名称和链接密码，就可以轻松参与。其次，在创造自己想要的空间时，可以区分公共空间和私人空间，还可以保护个人对话的隐私。最后，比起枯燥的视频会议服务，Gather Town 为用户营造了一个有趣的环境和轻松的氛围从而备受好评。

因为用户可以灵活地移动自己的虚拟化身，所以沉浸感强，用户可以主动参与活动。虽然自己的脸会被摄像机拍到，但是通过虚拟化身参与其中，感觉就像有了保护壳一样，十分安心。因此，在这里可以实现交互，而且面部并不是经常性被露出，而是在自己的虚拟化身周围有其他化身接近时才会开启，平时都处于关闭状态，所以并不需要太担心。

用户可以根据自己的喜好选择虚拟化身的长相和服装，使用多种用途和目的的空间，或者按照自己的想法直接设计制作空间。如果用户直接制作符合个人用途或公共目的的空间来使用，那么就能带来亲近感和沉浸感。

Gather Town 就像游戏一样，使用上下左右方向键控制，虚拟化身可以移动到各种虚拟空间。根据聚会的目的或性质，制作并使用校园、露台、公园、运动场和海边等多种空间地图，可以减少视频会议所带来的无聊感。与其他元宇宙服务不同，Gather Town 最大的优点是现实世界的规则也被适用于虚拟办公室。

用户可以直接打开摄像头聊天，化身之间的距离越远，画面就越模糊，声音也就越小。根据距离感调节好音量，可以给人一种在实际环境中对话的感觉。因此，在同一个空间内与特定的人沟通时，即使不单独建立小会议室，也可以移动化身，召集需要的人直接聚会。

如果想和某个人对话，直接移动到他旁边就可以了。如果需要多人对话或会议，可以立即召开会议（在 Zoom 中，需要事先与相关参会人员确认或协调，这很耗费精力，因此会增大压力和疲劳感）。

如果无法进行对话或需要离开时，按下"Ctrl+U"，就可以转换"可对话模式"，将其变为"工作模式"或"忙碌模式"即可。Gather Town 为用户提供仿佛实际处在办公室或讨论会现场的真实感，用户还可以通过设置的各种游戏活动体验趣味性。

提供与实际在办公室工作、移动和对话相同的用户界面和体验，增强与其他员工同处一个空间的归属感。如果有必要，还可以和旁边的一两个人进行小型对话，资料画面共享可以随时进行。

Gather Town 与其他视频会议应用程序最大的区别在于它像现实一样直观。如果想和别人对话，像在线下一样直接接近那个人即可。

当你走到他身边并处于一定距离时,摄像机就会自动打开,两人就可以进行对话。当许多人聚在一定范围内时,所有人的摄像头都会打开。对话结束后,如果距离再次变远,摄像头和麦克风就会自动关闭。

居家办公时,如果出现紧急情况,需要打电话或发短信等待对方回复,但在 Gather Town 内,只要将自己的化身移动到他旁边,摄像头和麦克风自动启动,就可以直接询问,对交流来说非常方便、有效。

Gather Town 就像实际办公室一样,具备多种功能。在会议室,用户可以通过白板功能,给同一房间的人共享演讲资料,并实时得到反馈。如果办公室前面的公告栏上挂着重要公告,那么就可以移动化身到公告栏确认公告内容。

在 Gather Town 中,用户可以自由移动,必要时随时可以聚在一起聊天。因为 Gather Town 带给用户和在办公室或会议现场一样的真实感和趣味性,所以员工在居家工作的同时,也能感觉到与同事们更亲近,互相之间的交流也变多了。

不过 Gather Town 也有以下几个缺点:

第一,它只能在电脑上使用,没有提供手机应用程序。这是因为化身需要在宽敞的空间中到处移动,而手机画面太小,在使用上存在困难。Zoom 没有空间和移动的概念,只能进行视频对话,而 Gather Town 在宽敞的空间移动时,需要进行对话和交互,因此不适合移动端使用。

第二,免费版本只能容纳 25 人,如果需要更多的人参加,就要使用付费版本。如果企业用户开发一个虚拟空间地图,将其作为线上办公室使用，那么员工至少在工作时间 8 小时都连接到平台并使用其进行办公，如果想流畅使用，就必须付费，这可能会给企业带来一定的经济压力。

Gather Town 正在被企业、大学、中学和个人等多个群体使用，体验过的人都纷纷对其做出正面评价。韩国建国大学在 Gather Town 打造了一个名为"建国宇宙"的虚拟空间，在此举办庆典，可以在线上的虚拟校园里乘坐滑板车、体验密室逃脱游戏。庆典结束后，学生们纷纷留言，表示"太神奇了""非常感谢策划庆典的校总学生会"。

在线协作工具

在线协作工具其实在 Zoom 和 Gather Town 被广泛使用之前就已经存在。其中 Trello 和 Padlet 受到很多人的好评，笔者也从很早以前就开始使用这两个平台进行在线协作。

Trello

Trello 作为线上使用的业务管理及合作解决方案，受到全世界众多用户的喜爱。而且，它的服务还是免费提供的。Trello 不仅可以在电脑的网页上使用，还可以连接到智能手机应用程序上使用。

Trello 的优点太多，在这里很难全部列举出来，下面主要就其中比较重要的特点进行说明：

① 提高个人和团队合作的生产效率；

② 将模拟业务管理转向线上数字，从视觉上一眼就能了解所有信息；

③ 有助于系统管理工作以及有效的合作；

④ 将工作流程视觉化，从始至终，遵循提供项目概要和推进信息的排版原则；

⑤ 从总体情况到详细内容，所有内容都可以在 Trello 界面上一目了然；

⑥ 所有受到邀请或共享的人都可以掌握业务或项目的进度和进行状态；

⑦ 提供流畅的合作环境；

⑧ 免费账户也可以按照自己的需要，不受限制使用 Trello；

⑨ 所有的工作情况随时都可以通过视觉界面了解，而不是通过电子邮件进行交流；

⑩ 重要的截止日期或日程可以用日历进行管理；

⑪ 用户在任何情况下，都可以与自己的团队进行合作；

⑫ 个人输入或修改的资料将实时更新和共享；

⑬ 支持网络浏览器和移动环境，在离线状态也可以使用；

⑭ 免费提供服务；

⑮ 提供与云计算进行交互的功能。

Padlet

这是一款基于浏览器的网页应用程序，在一整张纸或白板这样的一个空白空间中，可以容纳多人同时进入，在空间中通过便利贴记录并共享内容。

只要邀请人登录 Padlet 分享邀请链接，被邀请者即使不登录，连接到分享的链接地址，就可以生成 Padlet 墙、进行共享、上传便条等。由于注册和登录有一定困难的小学生也可以轻松使用，因此小学经常使用 Padlet。

在开会或教室上课时，用户可以在网页浏览器上将便条贴在白纸或黑板上，贴上便条后可以再撕下来或将便条的位置任意移动；可以进行课堂上的任何活动，其中还具有添加文件的功能，所以在收集照片或收集资料时也可以派上用场。

Padlet 墙：一个可以粘贴备忘录的墙或白板的虚拟工作空间（文件）。使用免费版本每人可以制作三个。

（1）特点

① 用户可以制作自己想要的 Padlet 墙；

② 如果共享 Padlet 墙的链接地址，其他参与者无须注册即可加入；

③ 可以按照自己的想法把 Padlet 墙上的便条移动到任何位置。必要时可将活动成果下载成 PDF 文件。

（2）参与者使用方法

① 在生成的 Padlet 墙上点击"+"标记后填写便条；

② 在便条上输入自己的名字和内容（因为无法确定是谁提交的作业，所以要在题目中写上名字进行区分）；

③ 必要时可以上传文件、插入链接、互联网检索结果、照片、视频、声音等。

下面笔者将设定几种同时使用 Zoom、Gather Town、Trello 和

第 6 章 Build：构建元宇宙合作系统

Padlet 的情况，从而向大家介绍在公司或学校可以使用的三种最有效的元宇宙视频系统构建方法。

根据公司业务或学校授课等活动内容
构建元宇宙业务 / 授课系统方法

企业的主要业务和活动内容：日常业务推进及员工培训和聘用面试、创意构思或合作项目会议、公司介绍和宣传、公司活动和聚餐等。

学校的主要活动：授课和实习（室内及室外）、体育活动、班级会议、运动会及入学仪式和毕业典礼等。

上述活动都是在线下进行的，但是由于新冠肺炎疫情，所有活动都转换为线上的形式。在刚开始时，因为从未经历过线上方式，所以不知道应该怎么做。但是经过近两年时间，人们已经习惯于在线上进行各种活动。

此前，公司和学校通过 Zoom 或 Teams 等平台活动。最近，正在朝着同时使用 ZEPETO、《罗布乐思》《我的世界》和 Gather Town 等元宇宙平台的方向转变。ZEPETO、《罗布乐思》和《我的世界》主要是提供游戏和娱乐的平台，可以举办活动或演出。但是，由于无法实现办公和授课，后面的说明将不包括这三个平台。虽然 Spatial 和 Glue 也是 3D 虚拟世界业务平台，但现在还无法像 Zoom 和 Gather Town 一样做到不需要任何门槛，任何人都可以轻松、便捷地使用，因此也排除在外。

Zoom 和 Gather Town 在两个方面有很大的差别，分别为是否通过摄像头露出面部和是否使用虚拟化身。

第一个方面，是否通过摄像头看到参与者的面部。在 Zoom 中，所有参会人员的脸会一直被显示。当然，参会人员也可以根据会议要求和各自的情况自行选择关掉摄像头，但这种情况不包括在讨论范围之内。在 Gather Town 中，只有当参与者与其他用户近距离接触时，才启动摄像头并看到他们的脸。如果距离变远，摄像机就会自动关闭。因此，如果没有人在自己附近，就不会出现任何人的脸。这既是优点，也是缺点。

第二个方面，是否使用虚拟化身。只有 Gather Town 的用户可以使用虚拟化身。用户可以直接操控移动化身，使其按照自己的想法做出行动。这是用户在平台当中积极参与和介入的表现。因此，在 Gather Town 中参与者之间的交互更加活跃，能够更加沉浸，感受到新的乐趣，可以和周围人进行小型谈话，还可以随时了解到谁在哪里在做什么。

根据 Zoom 和 Gather Town 的这两个差别，以及前面介绍的公司和学校举行的活动种类，有时使用 Zoom 更加方便，有时使用 Gather Town 更加便利。所以，笔者推荐同时使用两种工具，因为这样既可以最大限度发挥各自的优点，又可以互相弥补缺点。如果要确定选择标准，知道选择哪种方法好，就要正确理解下面介绍的计算机系统构建方法。

根据元宇宙用户的计算机系统
最佳的个人计算机系统构建方法

Zoom 应用系统

Zoom 可以通过计算机显示器和手机屏幕两种方式使用。电脑的优点是显示器屏幕大（可以使用 2—3 个屏幕），可以使用键盘和鼠

第 6 章 Build：构建元宇宙合作系统

标，效率高、操作方便，但只能在室内固定的办公桌上使用。当然，笔记本电脑在室外也可以使用，但如果想正常使用，必须保持在一个固定的位置。如果使用手机，屏幕画面小，而且无法使用键盘和鼠标，但在室外移动时可以使用。

如果计算机连接多个显示器，就可以分别展示参会人员面部的画面、共享资料的画面、聊天窗口和参与者名单的画面等。图 6-3 展示的是将 Zoom 界面分为三个显示器的情况，分别为摄像头视频画面（左）、共享画面（中）和聊天窗口（右），这是最优化的电脑系统。如果只有两个显示器，聊天窗口在需要的时候打开使用即可。

图 6-3　计算机连接多个显示器

如果只有一个显示器，而且需要多人一起使用共享画面进行工作，那么在一个画面上同时展示视频界面和工作窗十分不方便。在这种情况下，参会人可以使用手机连接，在手机上展示视频界面（见图 6-4）。

图 6-4　用显示器和手机同时连接

Gather Town 应用系统

Gather Town 只能在计算机和笔记本电脑上使用，不支持手机应用程序。Gather Town 由一张界面组成，不需要像 Zoom 一样将界面进行分割。因此，Gather Town 只需使用配备一个显示器的计算机或笔记本电脑即可（见图 6-5）。

图 6-5　在计算机或笔记本电脑上使用 Gather Town

下面将介绍同时使用 Zoom、Gather Town 和在线协作工具时的计算机系统组成结构。根据大家携带和使用的设备，共分为 8 种系统类型。作为参考，因为所有人都拥有手机，所以手机将添加到所有类型的系统组成结构中。

类型 1：3 台显示器 PC + 手机

如果使用连接 3 台显示器的电脑，那么显示器就可以分别由

Zoom 共享画面、Gather Town 界面和在线协作工具界面构成，手机 Zoom 界面显示 Zoom 参会人员的视频窗口（见图 6-6）。

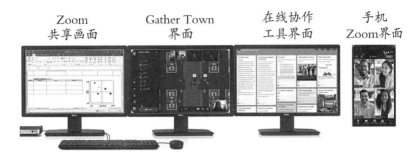

图 6-6　3 台显示器 PC + 手机

类型 2：2 台显示器 PC + 手机

如果使用连接 2 台显示器的计算机，一台由 Zoom 共享画面和 Gather Town 界面构成，另一台由在线协作工具界面作为 Zoom 的共享画面展示。手机 Zoom 界面显示 Zoom 参会人员的视频窗口（见图 6-7）。

图 6-7　2 台显示器 PC + 手机

类型 3：1 台显示器 PC + 手机

如果使用配备 1 台显示器的计算机，则只在计算机显示器上使用 Zoom 共享画面（见图 6-8）。如果需要同时使用 Gather Town，那么就要将显示器进行分屏，在另一半屏幕上打开 Gather Town 界面。通过切换窗口，切换使用 Zoom 和 Gather town。在线协作工具界面作为 Zoom 的共享画面。手机 Zoom 界面显示 Zoom 参会人员的视频窗口。

图 6-8　1 台显示器 PC + 手机

类型 4：3 台显示器 PC + 笔记本电脑 + 手机

这是最理想的系统。在连接 3 台显示器的计算机上，打开 Zoom 共享画面、Zoom 聊天界面和在线协作工具界面，笔记本电脑打开 Gather Town 界面（见图 6-9）。因为 Zoom 和 Gather Town 都需要使用麦克风，那么在没有笔记本电脑、只使用计算机的情况下，如果 Zoom 和 Gather Town 的麦克风全部打开时，就会发生啸叫（Howling）。在这种情况下，最好只打开 Zoom 的麦克风，关闭 Gather Town 的麦克风。如果同时使用计算机和笔记本电脑，就可以将两个平台使用的麦克风分开，Zoom 使用计算机麦克风，Gather Town 使用笔记本电脑的麦克风，这样效果会更好。手机 Zoom 界面显示 Zoom 参会人员的视频窗口。

第 6 章　Build：构建元宇宙合作系统

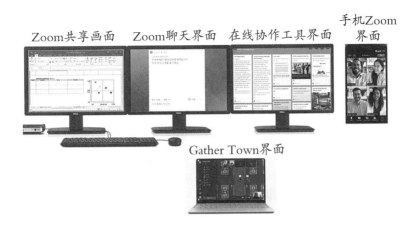

图 6-9　3 台显示器 PC + 笔记本电脑 + 手机

类型 5：2 台显示器 PC + 笔记本电脑 + 手机

在连接 2 台显示器的计算机上，打开 Zoom 共享画面和在线协作工具界面，笔记本电脑则打开 Gather Town 界面（见图 6-10）。在计算机上使用 Zoom 麦克风，在笔记本电脑上使用 Gather Town 麦克风，以达到更好的效果。手机 Zoom 界面显示 Zoom 参会人员的视频窗口。

图 6-10　2 台显示器 PC + 笔记本电脑 + 手机

类型 6：1 台显示器 PC + 笔记本电脑 + 手机

在连接 1 台显示器的计算机上打开 Zoom 共享画面，在笔记本电脑上打开 Gather Town 界面（见图 6-11）。在电脑上使用 Zoom 麦克风，在笔记本电脑上使用 Gather Town 麦克风，以达到更好的效果。手机 Zoom 界面显示 Zoom 参会人员的视频窗口。

图 6-11　1 台显示器 PC + 笔记本电脑 + 手机

类型 7：笔记本电脑 + 手机

如果没有计算机，只有笔记本电脑的情况，在笔记本电脑上打开 Gather Town 界面。手机 Zoom 界面显示 Zoom 参会人员的视频窗口（见图 6-12）。

图 6-12　笔记本电脑 + 手机

第 6 章　Build：构建元宇宙合作系统

类型 8：手机

虽然这个系统并不理想，但如果是在室外或处于移动状态下需要参与会议，那么这个选项可以成为最佳方案。因为在这种情况下，只能使用手机，所以可以在手机里打开激活 Zoom 视频窗口或共享画面（见图 6-13）。如果有多部智能手机，还可以连接 Wi-Fi 使用。

手机 Zoom 视频窗口　　或　　手机 Zoom 共享画面

图 6-13　通过手机使用 Zoom

公司或学校的空间结构地图系统
——Gather Town 地图最佳设计方法

Zoom 没有虚拟空间概念，只提供视频会议服务，因此空间结构地图部分主要围绕 Gather Town 进行介绍。

Gather Town 中的空间有两种使用方法：一种是使用 Gather Town 开发并提供的地图，另一种是使用用户自己设计开发的地图。Gather Town 提供的地图可以直接使用，因此用户不需要花费任何时间、精力和费用设计开发地图。但是这样一来，空间结构的设计就会受到限制，而且不是用户熟悉的环境，因此带来的亲切感和沉浸感较弱。

用户自己直接进行空间结构设计，并将其制作成地图，需要耗费时间、精力和费用，但因为是用户熟悉的环境或是按照自己的想法设计的空间，所以亲切感和沉浸感很强。例如，如果使用与线下使用的办公室或学校空间、结构和布局相同的地图，那么对员工和学生来说都比较容易接受，在空间里移动或选择更加简便。

在开发空间结构地图时，按照下面六个阶段进行，效果会更好：

第一阶段：制作需要的空间目录。公司需要设计办公室、会议室、休息室、培训场所、茶水间和大厅等空间。学校则需要教室、教务室、食堂、室内体育馆、实习室、图书馆和操场等空间。

第二阶段：决定空间的大小和结构。该过程是绘制平面设计图。例如，决定每个空间是正方形结构还是长方形结构。

第三阶段：决定所需空间的位置和布局。该过程主要是决定整个空间是宽的单层结构还是高的多层结构。

第四阶段：制作每个空间所需的物品。包括办公桌（书桌）、椅子、沙发和桌子等家具，花盆和相框等装饰品，白板、电子公告栏、电视等办公或会议辅助工具。

第五阶段：制作空间结构的布局设计，完成整体设计图。在第一至第四阶段决定并完成的步骤基础上，进行地面、墙壁、出入口等空间设计。可以使用 Photoshop 或其他设计工具。

第六阶段：使用 Gather Town 提供的地图制作空间。将第五阶段中用设计工具制作的地面和空间结构设计图导入 Gather Town 地图制作工具，进行空间制作。如果空间结构宽阔且复杂，只有一个人制作可能会很困难，这种情况下大家可以一起分工合作。在学校里，可以让所有学生都参与进来，各自负责一部分内容，也许在教学上会取得很好的效果，学生们也能够学会新的东西，了解合作的方法。

这时，需要用心设计从一个空间移动到另一个空间的入口站点的位置和个数，用户进入空间时在 Gather Town 画面上首次出现物品的

第 6 章　Build：构建元宇宙合作系统

位置和个数，以及虚拟化身无法穿透的墙壁。在这些制作完成后，将模拟并测试这一空间结构在 Gather Town 中的使用上是否存在问题。如果发现问题，就修改并储存地图。反复进行这样的过程，设计出一个完美的地图后，面向所有使用者发布，启动 Gather Town 即可。

使用过程中可能会出现一些不方便或需要改善的地方，收集这些意见和反馈并完善地图是十分重要的。在之后的使用过程中，如果需要举行特别的活动或聚会，可以增加建造新的空间结构。特别是，如果由多个图层组成的整体空间范围广、楼层高、整体结构复杂，那么制作一个网站地图提供给用户，将带来很大帮助。

设计学校空间时，最好使用实际学校的俯视图。学校有教室、教务室、校长室、教导主任室、室内体育馆、餐厅、操场、户外植物园、正门、实验实习室、图书馆、仓库和附近空地等空间，按照这些制作 Gather Town 地图就可以了。

如果是由复杂的多个空间组成的公司或学校（见表 6-1），空间结构将由 10 个以上图层（独立的空间地图）构成。此时最重要的是入口站点的设计，应该考虑设计在哪里才能方便移动，以及安装在几个地方比较好。

表 6-1　公司和学校的空间构成

企业	学校
一楼大厅	正门
咖啡馆	操场
一楼办公室	一楼大厅
二楼办公室	一楼教室（1—2 年级）
三楼办公室	二楼教室（3—4 年级）

续表

企业	学校
四楼办公室	三楼教室（5—6年级）
露台（屋顶）	食堂
10个会议室	图书馆
休息室	实验实习室
茶水间/仓库	会议室
培训室	室内体育馆
	其他

如果处在一个由复杂图层构成的企业或学校空间里，移动起来非常困难且烦琐。在学校这样没有电梯的建筑里，如果想从三楼去运动场，就要沿着楼梯依次经过二楼、一楼才能到达运动场。但是在Gather Town，可以直接从三楼移动到运动场，使用入口站点就能做到这一点。

在设计入口站点方面也有一定技巧。如果不能正确设计入口站点，那么用户在空间移动上就要花费不必要的时间和精力。而且，用户很难沉浸其中，这会引起烦躁情绪。

例如，如果像上方的企业设计空间一样，结构十分复杂，有10个图层，那么就应该设计相应的入口站点，使用户可以从二楼办公室直接移动到设计有多个大小不同会议室的图层，或者可以直接移动到咖啡厅、露台和培训室等。

为此，应该像图6-14一样，适当设置从一个图层结构（平面建筑）直接移动到其他10个空间的入口站点。

第 6 章　Build：构建元宇宙合作系统

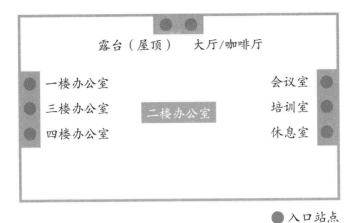

图 6-14　入口站点示意图

根据空间结构和目的，入口站点的设计在位置和数量上都应该合理。最好的空间设计是让用户能够感受到亲切感并能够沉浸其中，在空间里进行交互，有效地完成工作或课堂任务。

2021 年 8 月，在 ZEPETO 中一个类似于实际汉江公园的"汉江公园"地图中，一家名为"CU ZEPETO 汉江公园店"的店铺正式开业。为了将虚拟店铺像实际店铺一样呈现出来，CU ZEPETO 专业 TF 团队用 4 个月的时间进行了店铺布局和物品及商品模型建设。

ZEPETO 商店还陈列着 CU 实际销售的商品，还设计了线下没有的屋顶露台，上面像咖啡厅一样摆着桌子和椅子。表现汉江公园经常举行演出这一特征的街头表演空间设置在一楼。这两个空间的存在，使用户感觉像是真的来到了汉江公园的便利店。从速溶咖啡机上拿一杯咖啡坐在椅子上，就可以观赏汉江公园了。在一楼的街头表演空间里，只要触碰乐器，虚拟化身就会直接演奏乐器。

企业纷纷争相进入元宇宙。在元宇宙中的空间设计不是虚假的，而是直接设计成与实体店或大厦相同的结构和布局。

第7章

Develop

开发实现元宇宙的力量

01　转向无限虚拟办公的 7 种应对战略

新的无限虚拟办公环境与现有的办公环境完全不同，结构更加复杂。因此，企业应该从战略角度出发建设无限虚拟办公室，寻找创意性解决方案。

在新冠肺炎疫情暴发之前，全世界的国家和组织经过数十年的发展，已经形成了传统的组织结构、企业文化、工作规定与流程、员工管理模式和竞争战略等。但是今天的无限虚拟办公室的工作环境与之完全不同。它带来的不是渐进的、持续的升级，而是一个突然的"大爆炸"。

因为种种因素，比起单纯地让员工回到公司上班，"从居家办公转向无限虚拟办公环境"更加复杂、困难，这是因为组织文化、工作程序和人力资源政策等将发生巨变。因此，领导者和管理层应该充分了解以下 7 种应对战略，为转向无限虚拟办公室做好准备：

应对战略 1：开发元宇宙引入和利用战略

元宇宙不同于以往 IT 的环境，是一项全新的技术。如果想充分深入了解这项技术是什么、如何利用才是最佳选择，就必须得到相关领域专家的帮助。因此，必须从基于技术的认识出发，了解如何构建和利用元宇宙无限虚拟办公室。

应对战略 2：开发无限虚拟办公室设计方案

要按照自己的想法，制订有关未来无限虚拟办公环境和企业文化的规划和目标。领导责任是规划未来办公环境的蓝图，这一蓝图是未来文化和工作环境设计的指南，因此非常重要。

应对战略 3：开发无限虚拟办公室工作原则

要明确定义员工的工作方式和虚拟办公室使用规则。如果规则制定明确、易于理解且毫无争议，那么就可以在无限虚拟办公室中对每个员工的工作进行有效、公正的管理。管理层应该按照一致的方式构建并开发无限虚拟办公室工作条件的原则。

应对战略 4：对管理层和管理人员进行系统培训

从居家办公到无限虚拟办公环境的转换是许多管理层人员正在面临的组织性巨变和挑战。进行有关变化管理、决策和对话方式的正规培训，可以帮助管理层和管理人员描绘无限虚拟办公室的前景，并引导员工有效工作。管理层应该适当接受有关无限虚拟办公室蓝图规划方法和运营方法的培训，然后面向全体员工分批组织培训。

应对战略 5：开发无限虚拟办公室政策

在所有与无限虚拟办公室政策相关的管理水平上，必须保持一致性和持续的交流、传达并实行同样的信息。在制定了运行政策后，要向所有管理人员和全体员工共享。

应对战略 6：开发元宇宙 HR 系统

与所有的组织性、技术性倡议一样，无限虚拟办公环境政策是否成功及其推进程度也需要接受衡量和评价。另外，为了掌握需要进行调整的部分，需要员工的持续反馈。

配备的 HR 系统越强大、越系统化，从居家办公转换到无限虚拟办公室的成功概率就越大。把时间和费用投入对 HR 团队的培训、指导和支持上，更容易得到令人满意的结果。

应对战略 7：开发员工健康维持计划

应该开发并实施相关规定保持员工的健康。如果不运动，思维和身体都会快速衰老。上班族和学生们长时间坐在椅子上，与之前相比运动量下降一半甚至一半以下，这样一来全身整体的平衡很容易被打破。运动量不足将直接关系到健康，从而直接影响到工作成果或学业成绩。美国大学体育医学会（ACSM）的问卷调查结果显示，60% 的上班族表示："运动当天工作效率有所提高，能更准时地在规定期限内完成工作。"41% 的受访者表示运动当天更有工作欲望。

由于进行居家办公，员工与他人的沟通减少，运动和缓解压力的时间也相应减少。解决这个问题最好的方法是规定运动时间，必须行动起来。最好开发运营一个虚拟健身房，让上午、中午和下午都需要连接到虚拟办公室的职员能够进行伸展或适当运动。如果是一个人工作,最好在手机上安装一个运动应用程序,跟着应用程序进行伸展或运动。

02　元宇宙无限虚拟办公室需要的10种人才

相比线下办公室，无限虚拟办公室的工作理念和工作方式产生了很大变化。在线下办公室的工作中，垂直等级和上级命令占主要支配地位。在上司面前露个脸或在同事之间混得开就能在一定程度上得到认可，对工作评价有一定的积极效果。但是，在元宇宙世界中，等级的概念消失了。员工无法只通过说个话或露个脸就能得到认可，而是需要用实际的工作成果来证明。在未来的时代，具备自我领导能力、创造力、创新型思维和业务能力的人将得到认可。

下面对无限虚拟办公需要的10种人才进行了分类整理：

创新者（Creative Human）
由于创意性和非重复性工作增加，人成为业务发展的中心

到目前为止，企业一直将重点放在自动化办公上，并为此投入了大量的努力和投资。自动化办公长期以来都是针对重复性工作，所以在未来，重复性工作将逐渐全部使用自动化办公来完成。未来，重复性业务将更快地实现自动化，整体工作中心也将转变为非重复性和创意性的工作。

非重复性工作是指只有人才能完成，而机器人无法执行的工作，如果要顺利地推进这类工作，必须分析有关商业问题并找出原因，制订并实行创意性解决方案。今后，与新发现、想象力、创新和创意性有关的工作将越来越重要，且相关领域也将不断扩大，这些都是非重复性的工作，无法实现自动化。

因此在未来，业务发展的中心是人而非机器，其中有创意、有能力的人将具备很高价值，并受到优待。在无限虚拟办公时代，企业需要更多有创造力的人，这部分人的身价也会随之提高。

在线协作者（Online Collaborator）
为推进 Ad hoc① 业务，以多人在线聚集合作为中心

在新冠肺炎疫情暴发之前，智慧办公是企业争相引进的办公模式。虽然智慧办公适用的对象或领域有很多，但主要倾向于两个方面：一是远程办公方式，而非办公室现场办公；二是为线上合作引进云计算。

到目前为止，智慧办公主要以具有一定模式的固定业务为主，但在未来将会产生很多新奇或意想不到的业务。为了有效推进这类工作，需要组建新的团队进行合作。这时，团队成员并不是在同一办公室工作的人，而是以居家办公的员工或各个不同地区的人为主，因此大家应该在线上见面进行合作。即为了推进 Ad hoc 业务，多个身处不同地区的、来自不同领域的专家聚集在一起，组建团队，在业务结

---

① Ad hoc 是一种多跳的、无中心的、自组织无线网络。整个网络没有固定的基础设施，每个节点都是移动的，并且都能以任意方式动态地保持与其他节点的联系。（译者注）

束之后，会重新回到各自的位置，为其他业务组建新的团队。但是，要想成为这个团队的一员，就必须最大限度地提高个人的能力和技能。因此，在无限虚拟办公室中，可以把专业进行创意性发挥的人更能够抓住机会，能够熟练使用在线协作方法和工具的人也更受欢迎。

社交网络（Social Networker）
社交人脉将变得更加重要

为推进 Ad hoc 业务，需要组建一个团队，甄选团队成员的标准，以往会向认识的人或身边的人倾斜，但现在转变为以相关业务最需要且最专业的人为中心，而不考虑人在哪里。而这些人主要是通过线上和社交平台的人脉资源进行交流活动，而非线下关系网。

社交人脉将那些在社交平台和社交媒体上活跃发布动态，广泛宣传自己专业能力和品牌的人紧密联系在一起。因此，未来的工作不仅仅是某个特定企业的员工才能获得机会，属于其他组织或极具专业能力的自由职业者也将获得更多的机会。因此，应该积极使用 Facebook、推特和领英等社交平台，通过平台展示自己擅长什么、在哪个领域拥有一定经验和专业能力，并与其他人进行交流。

在未来，拥有极强的个人专业能力和雄厚社交资本的人将得到优待。最近，通过《罗布乐思》《我的世界》、ZEPETO、ifland 等元宇宙进行三维虚拟网络社交已经成为大势所趋。不要拒绝或回避新事物，相反要积极关注并使用它。只有熟悉新事物之后，才能在那里创造新的机会。

第 7 章　Develop：开发实现元宇宙的力量

协作专家（Collaboration Expert）
追求集体创意的工作增加

现在，员工在办公室办公时，可以轻松获取必要的资料、信息和资源等，如果需要某个人的帮助，也可以轻松获得。但是，如果正式开始在无限虚拟办公室进行远程办公，情况将完全不同。例如，当需要他人的帮助时，由于对方处在其他地区，很难快速、简便地得到帮助，而且如果需要获得帮助，要花费一定代价。最终，无论是以公司名义还是以个人名义都必须邀请他们一起合作，邀请组成的团队面对面一同寻找好的创意，像这样实现集体创意的工作将急剧增加。

但是集体创意并不是很多人聚在一起就能自然而然获得的。特别是通过线上见面进行合作时，交换意见和沟通就变得更加困难，当产生分歧或矛盾时，也很难朝着积极的、建设性的方向解决问题。由于受到实际情况的限制，各方缺乏开放性的沟通，反而容易因为分歧或误会激化矛盾。要想在无限虚拟办公室通过合作获得集体创意，仅凭借意志和想法是很难实现的，必须同时准备能够最大限度发挥其效果的方法和工具。

程序创作者（Process Creator）
要求能够最大限度发挥的程序化能力

未来重复性工作将实现自动化，就像 RPA（机器人流程自动化）一样，工作都被机器人代替。即固定模式的工作迅速减少，非重复性的工作增加。要想顺利推进非重复性工作，就需要一个将其系统化的新程序。因为现有的程序并不能得到有效利用，所以必须开发适合非重复性工作的新程序。这种程序的开发不能由其他人代替，因为他们对非重复性工作没有充分了解和足够的专业能力，因此最终还是需要进行这项工作的本人亲自制作程序。

这样制作的程序在相关工作结束后就不再有用，在其他非重复性工作上也无法使用该程序。最终，未来能够在无限虚拟办公室自主开发最适合各种所需业务的程序，具备程序创造能力的人，将获得认可。

创新者（Innovator）
自发挑战新事物的创新者团队出现

随着日新月异的工作环境和非面对面化办公趋势的发展，由此诞生的新技术和新设备，使得以往的模式和技术已经迅速过时。企业总是不断尝试并引入新的变化，但是每个人的反应不尽相同，有的人强烈抵抗这一变化，而有的人急于跟上这种变化。如果只是一味地追逐别人，那么就难以得到认可，也无法获得更好的机会。

相反，如果出现新的变化或新的技术时，只有极少数人能够比其他人更早感到并更积极地接受这一变化，他们就是创新者。他们凭借比别人更超前的想法和行动引领新的变化，抢占商机。但是，也有人抱怨："现在身边的东西使用起来就很难，新事物接触起来就更难了。"这样的人就可能会落伍。

元宇宙是新的世界。最终，只有对世界上的一切怀着强烈的好奇心，培养敏锐的商业嗅觉，善于接触并体验新事物，使其成为自己的武器,才能具备与众不同的竞争力。虽然这做起来并不容易,但只有勇于创新和挑战的人才能得到认可并获得机会。

战略思考者(Strategic Thinker)
使用战略思维的工作增加

随着时间的推移,对未来的预测变得越发困难,也就是说,不确定性和风险正不断增大。在这种情况下,要想做出正确的决策并达到目标成果,必须用战略思维武装自己,否则就会走向失败。这里的"战略"是指在信息不足或不确定的情况下,为了获得必要的信息、趋势和预见的行动方法。只有从战略角度思考问题,推进工作,才能在竞争中占据优势。

战略性思考是指从宏观视角逐渐连接到微观、细节性想法和分析的程序化过程。要想进行战略性思考,就必须了解使用什么战略、如何制定战略,具备有关的方法和工具。任何人都可以通过学习和训练来获得战略思维。战略思维是一种通过思考并观察宏观蓝图和细节,从中预见未来的能力。在无限虚拟办公时代,具有战略思维的人会战胜并支配没有战略思维的人。

洞见 – 方案开发者(Insight & Scenario Developer)
通过数据和模式分析的洞见和方案开发能力要求提高

要想在激烈的商业战争中取得胜利,必须准确了解顾客的需求和未来市场的趋势走向。为了解顾客的需求,可以进行调查或采访,收集大量数据。数据本身只是一堆数字或文字,没有任何意义。重要的是从这些数据中依据数据的可靠性,准确地把握顾客要求,并得出洞见。另外,还要阅读并分析未来趋势的变化,开发可预见的几种方案。像这样为了收集分析数据和模式,需要统计相关的知识和技能,在分析结果中得出洞见,并开发方案。个人之所以要培养这种能力,是因为需要根据随时变化的顾客需求和商业趋势,实时收集和分析新的数据和模式,得出必要的洞见,开发合适的方案。因此,未来的领导者应该成为洞见-方案开发者。

超复合型人才(Ultra Multi Player)
超复合型人才的出现

现在,只要精通一个领域并具备一定专业能力就足够了。但是,在未来,不同领域之间相互融合将变得极为普遍,因此只涉及一个领域是远远不够的。要以自己的专业领域为基础,将知识和经验的范围扩大到其他领域。有时还要能够与完全无关,甚至是陌生的领域接轨。例如,在元宇宙时代,任何人都应该基本能够使用社交网络或智慧办公工具。

因此,未来人们最好把自己打造成一个精通多个领域的超复合型人才。

现在由于爆炸式的知识和信息,大家往往感到十分疲惫,但这个超负荷的知识信息量将越来越大。要想在这里生存下去,就要培养在堆积如山的信息洪流中进行筛选、解读、利用有用和必要信息的能力。如果想在未来顺利完成工作,并取得超过目标的成果,就必须成

第 7 章　Develop：开发实现元宇宙的力量

为无所不能的超复合型人才。

走钢丝者（Rope Walker）
走在工作和生活的钢丝上完美保持平衡的人

如果进入元宇宙环境，可以随时随地都进行办公，这意味着在家的同时也要兼顾工作。因此，工作和家庭生活或个人生活的界限将消失。有时一整天只完成工作，这将导致工作和生活的关系比现在更不平衡，最终家庭和个人将遭受严重的损失。因此，在工作和生活之间走钢丝时要保持平衡。只有通过每天制订计划，并严格按照计划执行，才能过上均衡的生活。如果疏于自我管理和自我开发，或者自我管理和开发失败，那么个人竞争力就会急剧下降，沦为失败者。要想有效地应对未来工作环境的变化，从现在开始就要练习平衡好工作和生活之间的关系，并将其变成习惯。

03　复杂问题解决生态系统的构建方法

个人或组织每时每刻都会遇到问题，这时应该进行智慧的"问题解决"。这里说的"问题解决"是在众多解决问题的方法中选择一个实施。因此，"问题解决"就是做出正确的选择。做出不同的选择，所得到的结果将完全不同。如果做出正确的选择，将会带来好的结果；但如果做出错误的选择，结果也将令人失望。

那么都会遇到哪些问题呢？有经济问题、政治问题、法律问题、技术问题、社会问题、制度问题、人力问题等，问题种类非常多样。虽然遇到的问题种类和对象各不相同，但都是使用类似的步骤和工具去解决，企业或组织解决问题最快、最有效的方法就是开会。因此，"问题解决"和会议的关系是密不可分的。但是我们现在举行会议的方式和现实情况又是如何呢？

我们要一起相互磨合，一起合作解决问题。相比一个人单打独斗，大家在一起合作时会产生更好的结果，但是这其中有一定条件。如果在一起相处不融洽，只有单向沟通，并且出现分歧，会产生各种矛盾，最后得到还不如一个人单独完成的结果。在一个组织里每天都会产生很多问题，为了解决问题召开会议。解决问题的会议需要各个利害关系人聚在一起，深入讨论共同的主题或争论点，寻找最佳执行方案。但现实情况是这样的目标无法轻松实现。

"问题解决"对企业和组织成长至关重要，因为可以解决现有问题，实现新的目标。在以前，简单的"问题解决"就完全足够；但在现在及未来，由于各个领域以及其中的问题相互联系、互相交织，发展成复杂的问题，因此需要复杂的"问题解决"。2015 年，达沃斯世界经济论坛宣布，"复杂问题解决"是第四次工业革命重要的五种未来力量之一。那么，应该如何进行复杂的"问题解决"，才能取得有效的结果呢？

为此，有必要对构成复杂问题的要素和解决方法进行系统化研究。30 多年来，笔者一直都在直接进行复杂问题解决或帮助需要复杂问题解决的企业和组织，包括在此过程中获得的经验、案例和技巧，并建立了一个复杂问题解决生态系统（Complex Problem Solving Ecosystem）。

在解决复杂问题时，如果试图一次性解决所有问题，反而会失败。最有效的问题解决第一步就是分析问题，将它划分成多个小问题。从这些小问题中筛选出最重要、最紧迫、最优先的问题来解决即可，只有逐一解决小问题，问题才能得到解决，就像是如果要解开缠结的线团，就必须一根一根地解开一样。

复杂问题解决生态系统由三个要素构成，分别是目标选定系统、目标实现系统、生活创新系统。

目标选定系统

这是选定问题解决的对象和目标的系统。在问题解决中，首先要弄清楚问题到底是什么。因此，这一部分的核心是拥有准确掌握问题的能力。该系统分为三个阶段进行，即在目前状态下分析大大小小的问题（As-is），然后从中选定需要优先解决的问题，最后设定一个通过解决问题想达到的目标。能够快速、准确地掌握问题并确定优先顺序的能力非常重要。

目标实现系统

既然选定了需要解决的问题，那么下一阶段就是解决问题的阶段。这个阶段的核心是拥有解决问题的能力。要做好问题解决，必须从战略层面分析理解后展开行动。

这一阶段被称为目标实现系统。大部分情况下，问题解决不能一次性完成，需要进行反复的试错。

问题解决也是持续地改善。美国统计学家爱德华兹·戴明（Edwards Deming）通过质量改善方法开创了PDCA循环。首先通过标准最佳实践方法制订改善和创新的计划（Plan），然后实施计划（Do），接着对实行阶段收集的资料进行评价（Check），最后区分积极结果和消极结果加以改善（Act）。PDCA就是不断重复这一过程的循环。

在计划阶段，人们为认识问题收集并分析相关资料，制订改善计划，并制定计划评价的标准；在实施阶段，执行前面制订的计划，并系统收集资料以评估在此过程中发生了什么变化；在检验阶段，对实施阶段收集的资料进行评价，对计划阶段设定的目标与最后结果进行对比确认；在改善阶段，将成功的结果以新方法标准化，对失败的结果，则修改计划、再次研究工作过程、重新制订新的计划。

戴明的PDCA方法同样适用于目标实现系统。如果选定问题和目标并解决问题,就必须再选定和解决新的问题和目标,不断重复这一过程。这个重复周期一直进行到需要解决的问题全部解决为止。将重复周期缩短到最小,投入最少的时间和努力以解决问题,这代表着解决问题的能力。

生活创新系统

生活创新系统由两种变化周期组成,即个人和世界。"变化的个人周期"是指个人在进行上述两个系统的过程中,解决问题能力有所提高的周期。如果需要解决一个问题,就要经历反复选择其他问题并解决的过程,从而在这一过程中实现成长和变化。"变化的世界周期"是当世界因新技术和社会的发展而不断发生变化时,有效地应对这一变化,发现变化的趋势和洞见并应用于现实,还要反复循环创新现实和解决问题的周期。在这个系统中,自我成长能力是核心,它意味着变化的世界与变化的个人之间的力学关系,即根据个人的行为,既可以支配世界,也可以受世界支配。

解决问题的方法论(战略)大致有四种,分别是爱德华兹·戴明开创的"PDCA 循环"、笔者用韩国方式开发的"2A4"问题解决、丰田开创的"A3 思维"以及美国通用电气 GE 开创的"用户座谈会(Town Meeting)"。

将不是问题的事物当作问题,只是徒劳无功

复杂问题解决的代表性成功案例是制造特斯拉的埃隆·马斯克

（Elon Musk）。他找到那些他人认为十分困难或是不可能的对象，用与他人不同的方式进行思考并加以了解，最终解决问题。如果仔细分析他取得的各项成果，就知道他并不是"发明天才"。他制造出的所有产品都是在现有事物的基础上进行改进。马斯克并不是第一个制造宇宙飞船或火箭的人，也不是第一个制造电动汽车的人。"制造最顶尖电动赛车并使其大卖，其次是高级电动汽车，然后是普及型电动汽车"这一战略也并不是他制定的。马斯克在最初只是以投资人的身份加入了两名工程师马丁·埃伯哈德（Martin Eberhard）和马克·塔本宁（Marc Tarpenning）创立的特斯拉汽车，后来将其收购。

埃隆·马斯克曾在一次采访中坦白了此前因错误地认识问题而做无用功的经历，他介绍的内容让我们明白了正确进行复杂问题解决的方法是什么：

"特斯拉 Model 3 的电池组上有一个玻璃纤维层压板，原本是安装在全风扇和电池之间的零件。但是因为这个压板，整条生产线的速度都慢了下来。我当时几乎每天都待在电池工厂的生产线上，所以最后提议把这个玻璃纤维层压板改掉。因为 Model 3 的生产线全都被它所挤占。

"我做的第一个错误决定就是想修改自动化部分，让制造机器人生产得更好、更快、减少动线、增加扭矩……当初使用自动化本身就是一个错误，后来又让其加快速度，甚至还采取了最大发挥自动化作用的方法，但这些都是错误的。

"经过这些失败后，才产生了'为什么需要这个压板'的疑问，所以我向电池安全团队询问这个压板的用途是什么。当问道'或许这是用于（电池）防火的吗'时，他们说：'啊，那个压板是为了防止

第 7 章 Develop：开发实现元宇宙的力量

噪声和震动。'所以我问他：'但你们不是电池安全组吗？'然后我又去到噪声和震动分析组询问那个压板的用途，他们又说是'防火用'。当时我就像被困在卡夫卡的作品和鲁比高堡（Rube Goldberg）的漫画中一样。

"所以我决定比较一下放入玻璃纤维层压板和没有放入玻璃纤维层压板的车辆噪声和震动情况，将麦克风分别放进两辆车里进行比较，得到的结果是完全没有差别。于是，我最后取消了那个压板，因为它让价值200万美元的自动化设备变成了毫无意义的废铁。"

那么下面主要介绍埃隆·马斯克进行问题解决的五个阶段。

（1）灵活制定技术要求事项

技术要求一定是僵化的。特别当一项技术要求是出自一个聪明人时，就更加危险，因为在这种情况下，人们完全不会怀疑它是否真的被需要。谁都会出错，只要是人，都会有犯错的时候。所有的设计都有错误的地方，只是错了多少的问题。因此，要求事项应该制定得更加灵活，变得不那么僵化。

（2）清除部分程序

如果要求事项不那么僵化，接下来就要消除程序中不必要的东西。这很重要。如果你没有经常发现之前清除的某个程序是必要的，然后将其重新添加回来，那么你就没有充分做好这部分的工作。人们大多都抱着"可能会需要，那就把这个部分纳入程序"的想法。但如果这样想，就会有太多的东西因为这样的想法被放进程序中。但事实是，如果真的需要，之后再放进去也可以。

另外，任何要求或限制都应来自特定的负责人，而不是整个部门。不能问部门，而应该问人，对你提要求的人要对这个要求负责。

否则，你有可能要遵守一个实习生两年前不加思考添加的要求，那个实习生有可能已经辞职了，而且他工作的部门可能并不同意这个要求。这种失误实际上发生过几次，在任何部门都有可能发生。

（3）简化或优化

简化或优化，这个步骤必须在第三个阶段进行。不在第一、第二阶段进行的理由是因为聪明的工程师最常见的失误就是优化本不应该存在的要素。

为什么呢？每个人在高中和大学期间都需要回答问题。这是收敛化逻辑。如果对一个提问的教授说"这是一个愚蠢的问题"，那么必然得不到好分数，因此必须回答问题。结果，人们在没有意识到的情况下，精神已经穿上了限制行动的衣服，对需要消除的东西进行优化工作。

（4）缩短周期所需的时间

不能进行得太慢，要加快脚步。但是如果还没有做好前面三件事，那么就不要急着加快步伐。如果现在正在做的事情是自掘坟墓，就不能快速推进工作，需要做的是停止掘墓。如果不是这种有害的事情，那么任何时候都可以缩短时间。

（5）自动化

最后一个阶段是自动化。马斯克曾多次犯下错误，即将这五个阶段的顺序颠倒过来。在制造特斯拉 Model 3 时，也多次犯过这样的错误：先自动化后简单化，然后删除。

不要忘记埃隆·马斯克总结的问题解决五个阶段是他经历了无数次实战后得到的宝贵教训。

要想有效地解决问题，就要摆脱固有观念，重新分析和定义问题。只有这样，才能在新的方向上找到解决问题的巧思。问题并不都是一样的。根据"问题是否可能在未来的某个时刻出现"进行判断，可以分为"解决型问题"和"目标型问题"。

"解决型问题"是眼前的问题，是过去发生至今仍未解决，并产生影响的问题，是具有可视性或可确认的问题。"目标型问题"是未来的问题，虽然现在没有发生，但未来某个时刻可能会发生的问题。

我们在日常或商业上总是遇到新的问题。问题就像一个尚未解决的课题。当然，遇到问题并不一定必须解决。有些问题必须认真解决，有些问题却可以被忽视或推后解决。这是根据有问题的当事人的选择做出的决定。

组织和公司每天也会面临很多问题。个人可以选择积极解决，或者忽视，抑或是往后推，但是组织或公司的CEO、领导或与问题相关的最重要的利害关系人需要来决定如何处理和解决问题。

人们一提到问题，通常都会感到头疼或想避开。因此，父母会命令孩子们，公司的上级也会命令下属，不要总是制造麻烦，安静地待着。对问题做出这种看法和反应的理由是因为他们不知道问题是什么。只有重新看待问题，重新定义问题，系统地分析问题，制定并利用有效的解决方法和工具，问题才能得到解决。

问题是指当前状况与期望目标之间的距离

如果将问题定义为"令人头疼的东西"，那就难以解决问题。因为他们认为问题是不乐观的，是想回避的对象。但是，如果将问题定义为现在的情况与未来想实现或希望实现的目标之间的距离，那么

"自己存在问题"就意味着以现在的情况为基准，未来还有要实现的目标。二者之间的距离越大，目标也就越大，所以有小目标的人解小题即可，有大目标的人解大题即可，目标越大，问题也就越大。如果有人说自己没有任何问题，以上述定义为标准来看，就意味着未来没有要实现的目标。

如果用以上介绍的新观点理解问题的话，那么第二点"应该如何看待问题，如何定义问题"十分重要，因为根据从什么方向或观点看待和定义问题，解决问题的方法也会有所不同。

深陷固有观念无法摆脱的人们

顾客在大型超市里挑选商品装满购物车，然后在收银台排队等候结账，如果队伍太长，顾客就需要等待很长时间。这时，他们常常会向超市职员抱怨为什么结账速度不能快点。随着顾客持续不断地不满和抱怨，超市总经理为了解决这个问题，在公司内部成立了特别工作组，下达了要在一周内解决这一问题的指示。那么如果您被选为组员怎么办？大部分组织准备开始解决问题后，第一步必然会先确定问题是什么。那么大家会把问题定义成什么？

上述问题是笔者在几年间以顾客企业为对象，进行无数次问题解决教育和咨询时向参与者提出的案例。他们提出的意见几乎都差不多。

"问题是顾客的队伍太长，所以需要能够快速缩短队伍的解决方案。"

向提出这一定义的人询问："那么什么样的解决方案比较好呢？"

第 7 章　Develop：开发实现元宇宙的力量

然后就出现了以下建议：

"如果想缩短排队时间，就要增加结算的柜台数。"

"应该将购买物品较多的顾客和购买物品较少的顾客区分开，到不同的柜台结账。"

"通过在超市内举办活动，分散等待的顾客就可以了。"

大家觉得上面的回答如何？如果大家同意这些是不错的想法，那么大家就是被固有思维所淹没了，因为上述意见主要是那些深陷于固有观念的人提出的想法。

固有观念是指无法摆脱现有想法或惯性法则、只凭借肉眼看到的事物就做出判断的倾向。如果不能摆脱现有的思维框架，解决问题的方法也就只能固守现有的方式。

那么，让我们来看看上述意见为何不是好主意。

"如果想缩短排队时间，就要增加结算的柜台数。"

等待的队伍之所以长，是因为与顾客数量相比，结算柜台数量短缺。在这种情况下，大型超市的管理层是幸福的。有顾客是不是比超市空荡荡的要好？但是从顾客的立场来看，这种情况令人十分糟心，因此应该尽快制定改善对策，否则顾客就会流向其他超市。但是增加柜台数是既简单又快速的解决方案吗？

如果是那些已经人满为患的超市，可能已经没有设置多余柜台的空间了，收银员也需要全程工作。尽管如此，由于客人太多，也很难用物理方法解决。如果需要设置更多的收银台，就要准备新的空间，现在整个超市还能准备新的空间吗？可以进行扩建或将作为其他用途的空间变更为收银台，那么用于其他用途的那部分空间又应该怎么办呢？因此这个想法不是根本的解决方法，只是权宜之策。

除此之外，还要投入巨额费用，很难一次性筹集到巨额资金。

"应该将购买物品较多的顾客和购买物品较少的顾客区分开，到不同的柜台结账。"

这是目前所有超市的经营方式。但是，提出这个想法的人没有其他的问题意识或积极解决问题的欲望和热情，只是随心所欲地说出自己的想法而已。即像新的提议一样，强调一个已经应用在其他地方的显而易见的解决方案。

"通过在超市内举办活动，分散等待的顾客就可以了。"

在举办活动的过程中，顾客们有可能移动，以取得分散的效果。

但需要深入考虑的是，在活动结束后，顾客们会做出怎样的行动。活动结束后，顾客们会同时移动到收银台排队，最终还是会出现同样的问题。这个想法也不是根本的解决方法。

在公司或组织内部，使用这种方式思考并解决问题的人占大部分。这样一来无法有效解决面临的各种问题，最终只能白白浪费时间和费用，虚度时光。

看问题的观点和方向决定了解决方案

让我们重新审视大型超市的顾客到底有什么问题，从新的观点出发寻找问题吧。

如果您观察超市收银台附近的场景，重新进行一次分析，能看见什么问题呢？还是只看见了等待的队伍排着长队吗？那么，您现在依然无法摆脱固有观念，还是只看到了凭借肉眼看见的事物。使用新观点再重新审视，看到的不是长队，而是人们的表情和脑海中的想法。用这个观点看顾客，能看见什么呢？

"他们看起来很无聊，没有精神"，如果从这个角度来看就得到了新的观点。如果这样定义问题，解决方案中就会提出"如何消除排队等待时顾客们的无聊情绪"这样创意性的问题。

解决无聊和枯燥的方法会有很多。例如，在收银台附近举行提供看点的活动或设置大型电视或屏幕，播放欢快的MV或体育转播。或者可以引导大家做一些简单的热身运动。另外，在超市购买的食品也可以展示适合晚餐食物的烹饪方法和食谱。

人们常常强调，要想有效地解决问题，创意非常重要，所以要成为一个有创意的人。但是创意性的想法不会因为脑子里想着"要有创意"，然后努力，就会出现的，创意并不是突然从天而降，而是在用不同的观点看待以现实为基础的问题，提出不同方向的问题时产生的。

问题类型不同，解决方法也不同

在两种问题类型中，"解决型问题"是通过分析问题及其发生原因，然后找到方法根除原因来解决问题。这时使用的分析方法有三种，即逻辑分析、结构分析和系统分析。逻辑分析是辨认问题的真伪，并分析是新问题，还是过去发生并持续到现在的问题，抑或是问题发生并消失后又再次发生的反复性问题。结构分析采用"5Why"

方法[1]，而系统分析采用 MECE（不重复、不遗漏的）方法进行分析。其中，深入挖掘的分析性思考非常重要。

将问题细分到具体类别，将其分解成小问题，这是从森林看到树木的顺序型接近方法。因此，为了进行现有的问题解决而寻找洞见。

"目标型问题"是未来可能发生的问题。只有找到未来需要的东西和应该做的事情并付诸实施，或寻找与现在不同的对策，才能解决问题。这里使用的分析方法是宏观分析、商务分析、KSF 分析[2]等战略分析，第四次工业革命和 ICT 趋势等未来趋势分析以及顾客价值和差别性分析。在这里，广泛分析问题的分析性思考也很重要。需要开发新的创意或策划，进行多种可行方案的"创意性思考"。比起观察树木，更需要纵览树林的综合直观性的接近方法。

为了寻找与现在不同的对策而寻找洞见和预见。

可以将解决型问题理解为寻找正确答案，目标型问题理解为尽可能地寻找最佳答案。

问题解决能力也需要进行训练

运动员要想提高竞技水平，必须经过长时间的训练，不断升级技

---

[1] 又称"5问法"，表示对一个问题点连续以 5 个"为什么"来自问，从而找到根本原因。（译者注）

[2] Key Success Factor，关键成功因素指的是对企业成功起关键作用的因素。KSF 就是通过分析找出关键因素，然后再围绕这些关键因素来确定系统的需求并进行规划的方法。（译者注）

第 7 章　Develop：开发实现元宇宙的力量

术。因此，身体的所有肌肉和想法都要同时反应并行动。同样，要想培养解决问题的能力，就必须训练和培养大脑肌肉。拥有大量系统解决各种问题的经验和案例的人必然能够更好地解决问题。

在进行大脑训练时，与其随意进行，不如按照系统性、过程中心的方法使用适当的问题解决工具。

笔者在遇到了大量的问题，然后经历了解决这些问题的过程后，终于开创出了最简单、最有效的问题解决方法论。这就是"2A4"问题解决法，由两张 A4 纸组成的模板、程序、工具和核对清单、解决问题的思维以及解决问题的报告组成。"2A4"程序分为六个阶段进行。分阶段说明如下：

第一阶段 –Identify：设定解决问题的目的和目标；

第二阶段 –Define：定义症状和问题；

第三阶段 –Analyze：分析问题和原因；

第四阶段 –Develop：开发解决方案；

第五阶段 –Execute：实施行动计划；

第六阶段 –Review：评价结果和今后的计划。

前三个阶段与问题相关，剩下三个阶段与解决问题相关。

只有从多个方向和观点看待问题，而不仅仅只是局限于一个方向，才能发现解决的新方法和创意，最好的方法就是提出相关的问题。下面笔者将把各个阶段必须进行检查和处理的事项作为核对清单提问逐一列出。

（1）第一阶段中的问题

① 公司或组织追求的蓝图、任务、核心价值和战略是否正确？

② 目标是否与顾客价值建议相联系？

③ 关键成功因素是否正确导出？

④ 目标或期待结果是否按照 SMART 模型[①] 设立？

⑤ 确认目标达成与否的测定指标是否已经确定？

⑥ 是否确立了与整个公司相联系的目标，而非只利于某个部门或细枝末节的目标？

（2）第二阶段中的问题

① 是否定义了由症状引起的问题？

② 有无重复或遗漏？

③ 是否均衡地定义了内部和外部因素的问题？

④ 是否定义了多种类型？

⑤ 是否从不同的观点或方向提出问题？

⑥ 是否对提出的意见或问题提出了挑战性的质疑？

⑦ 是否真的找到自己所属的部门或者小组的问题？

⑧ 进行发散思维后，是否回到了核心问题？

⑨ 问题的主体和客体是否阐述清楚？

⑩ 问题是否定义了影响的范围、波及面和频率？

⑪ 是否用文章阐述问题，而非个别词语？（问题阐述报告）

（3）第三阶段中的问题

① 原因和结果是否构成逻辑上的因果关系？

---

① SMART 模型来源于管理大师彼得·德鲁克，包括五个基本的原则：目标必须是具体的、目标必须可以衡量、目标必须是可以达到的、目标必须和其他目标具有相关性、目标必须具有明确的截止期限。（译者注）

② 有无重复或遗漏？

③ 是否均衡地分析了内部和外部因素的问题？

④ 是否分析了多种类型？

⑤ 是否从不同的观点或方向分析了原因？

⑥ 是否对提出的意见或原因提出了挑战性的质疑？

⑦ 是否对宽度、深度和方向都均衡地分析了？

⑧ 是否真的找到自己所属的部门或小组的问题原因？

⑨ 进行发散思维后，是否收集了核心原因？

（4）第四阶段中的问题

① 是否从组织层面，而非个人层面客观地评价了支付矩阵的可执行性和效果？

② 即使解决方案的执行主体是自己，是否进行了公正的评价？

③ 是否涉及了多种类型？

④ 开发或评价解决方案时，是否被个人或部门的利己主义所埋没？

⑤ 进行发散思维后，是否开发了核心解决方案？

（5）第五阶段中的问题

① 各阶段的活动是否细化并具体化到任何人都能轻松理解？

② 即使活动的实施主体是自己，是否完全按照方案执行？

③ 负责人是否选定了最适合的人选？

④ 负责人是否最大限度地支援了执行所需的东西？

⑤ 是否利用了进度条在视觉上的呈现效果？

（6）第六阶段中的问题

① 是否使用了在第一阶段确定的测定指标进行目标对比结果

比较?

② 实行前后的比较是否数值化了?

③ 是否考虑了标准化和系统化?

④ 对结果有效的方法论或程序是否进行了转录,是否与其他部门共享?

⑤ 资料是否进行了数据化管理?

无论多么复杂的问题,只要进行系统的分析,就能解决,因为此前世界上存在的大部分问题都是这样解决的。如果将到目前为止介绍的复杂问题解决生态系统、埃隆·马斯克的问题解决方法和"2A4"问题解决方法结合起来使用,大家也会成为能力出众的问题解决者。

04　有效举行线上会议的方法

25年来，笔者一直面向企业提供与有效举行会议的引导技术相关的教育和咨询。这里所说的会议是指在办公室或会议室进行的线下会议。企业偶尔会与国外的员工或顾客进行远程电话会议，由于受到时空的限制，有时也会将线下面对面会议转换为简单的视频会议。因此，在新冠肺炎疫情以前，尚且不需要有效举行远程视频会议的方法和相关技术——在线引导技术。新冠肺炎疫情暴发之后，会议的举行方式发生了急剧变化。

例如，LG化学将全球共1.85万名员工的工作方式全面改为在互联网数字空间进行工作。过去智慧办公只是作为部分工作或辅助办公手段被使用，如今却已经成为主要办公方式。LG化学追求的是构建无接触、无中断、无限制的"3U"智慧办公系统。

笔者在10年前与6名大学生进行了一个有关未来教育的研究开发项目，参加项目的学生中也有住在其他城市的学生，因此项目会议通过远程在线视频会议举行。我们每周六抽出3个小时，进行了约6个月的视频会议，并成功完成了研究开发项目。

当时使用的远程视频会议解决方案是谷歌Hangout（现在改为"谷歌Meet"），操作使用非常便捷，在进行视频会议的过程中没有任何不方便。当时，笔者也将提供培训和咨询时介绍的线下引导技术应用于线上视频会议当中，经历了多次错误和失败，体验并开发了比线下更有效的在线引导方法和工具。此后，笔者在与其他人进行会议或项目时，常常使用远程视频会议。在当时进行视频会议的过程中，有许多制约因素，无法像线下会议那样推进，为了消除这些制约，笔者寻找并使用了多种方法。

线下会议时代已经过去，线上视频会议时代已经到来

　　由于新冠肺炎疫情全球性大流行，整个社会都在前所未有的旋涡当中苦苦挣扎。新冠肺炎疫情在人们毫无准备的情况下向全世界扩散，没有人知道它将持续多久，人人都在经历着心理和精神上的恐慌与崩溃。比起近年来席卷社会、技术、企业、办公场所、工作岗位和工作方式等多个领域的第四次工业革命技术所带来的变化，新冠肺炎疫情让全世界都发生了更剧烈的改变。

　　为了防止新冠肺炎疫情通过人与人之间的接触发生传播，各工作单位、建筑、商店和医院全部关闭，要求员工进行非面对面的远程办公。实际上，这是在毫无准备的情况下，将原本在办公室进行的会议、项目和合作等工作突然改变为远程视频会议形式进行。近年来，所有的线下会议和活动也全部取消，通过线上方式举行，人们正各自在家中经历通过线上视频方式参与各项活动的新体验。过去，我们也曾与国外客户或员工进行远程视频会议，但这并不是推进工作的主要方式，而是只在必要时使用的辅助手段。

　　但是，在目前的情况下，大部分工作或活动只能通过远程视频会议或在线合作方式进行。此前，为了进行在线合作，企业对员工进行培训，并引进了必要的设备，面向长期外出工作的员工进行相关试

第 7 章　Develop：开发实现元宇宙的力量

点，推进取消办公室的固定工位或按照最低标准数量准备共享工位，但由于员工们更习惯在办公室上班，纷纷反对线上工作方式，因此这些尝试要么告吹，要么缩小实施范围。

但是随着政府颁布行政命令要求居家，企业全体员工和组织所属人员都同时开始了居家办公。所有人都面临着必须进行远程视频会议或在线合作的情况，因此需要迅速适应新的业务和工作方式。在这种情况下，居家办公的人当中，每个人对此都持不同的看法，有人赞成，有人反对，也有人中立，立场各不相同。

虽然一定会有人持反对意见，但哪怕在新冠肺炎疫情得到控制以后，远程办公和线上协作也必然是大势所趋。

此次事件给整个社会传递了这样的信息："从前一直实行的，被认为是理所当然常识化的线下办公室工作和教室教育就是最好的方式吗？"

在新冠肺炎疫情暴发之前，远程办公和远程授课并不是最好的方法。虽然有部分创新者主张使用线上方式，但不可能一下子就能实现彻底改变。最大的障碍是既得利益群体的强烈反对，因为在之前，谁也没有尝试过铲除腐烂的伤口，就放弃了尝试。

"这些都会过去的。"正如这句话一样，哪怕是现在如此糟糕的状况也总有一天会恢复正常的。但是，即使到了那个时候，我们也要用新的观点和模式，更加认真地分析和判断现在全人类共同经历的各种不便。我们应该慎重地选择符合时代变化的最佳工作和教育的体系与方式。

随着第四次工业革命技术带来的飞速变化，我们的想法、态度和方式也应该进行创新。这些变化不仅在处事方式方面，评价员工工作成绩的方式、员工培训系统和工作方式等也会发生巨大的改变。一个与过去截然不同的新世界将要到来。

线下会议和线上视频会议的区别

两种会议的方式有何不同？只有正确理解两者之间的差异，才能获得想要的会议结果和效果。

在办公室进行的线下会议是在一个摆着会议桌、椅子、白板的封闭会议室内进行的。与会者根据需要还会使用投影仪和屏幕。

与会者携带各自的工作手册或记事本，记录并概括会议内容。因为所有与会者围绕会议桌就座，所以可以使用面部表情或身体语言进行顺畅、准确的沟通。

通过在线视频进行的会议是与会者各自在家或在独立空间进行的，必须具备计算机、显示器（如果有两台显示器，将更加有效）、相机、麦克风和扬声器等视频会议设备。根据条件，也可以使用手机或平板电脑，但由于手机和平板电脑受到画面的限制，在观看与会者面部和会议共享资料时存在一定不便，因此不推荐使用。另外，计算机上还应安装在线视频会议软件或通过云实现连接，主要有谷歌Meet、Zoom和Skype等平台。其中Zoom使用率最高。

领导者推进整场会议的进行，引导与会者提出意见和想法。为此，领导者应该具备一定水平的建导技术，但相比线下会议，线上视频会议更难引导与会者参与其中，与会者也更难集中精力进行会议，而且线上会议也存在诸多制约。因此，举行线上会议需要更高水平的建导技术。为确保会议顺利进行，必须提前发放与会议主题相关的参考资料，提前准备会议时间表和议程。

线下会议和线上视频会议的优缺点

线下会议并不是只有缺点，两种方式兼有优点和缺点。

在线下会议中，如果所有与会者都积极参与，就可以直接感受到热情和积极的能量，会议将十分成功。与会者们可以快速、准确地进行沟通，在会议室可以与其他人很好地进行交际或是增进联系等。

缺点是所有人都需要聚集到一个特定的地方，会议室的环境和氛围会对会议效果产生很大影响。保持沉默的人和垄断发言的人一定会暴露出来，但是领导者难以控制并管理他们。另外，领导者的性格也会影响会议效果，如果领导只是自说自话，那么就很容易垄断或主导会议。

特别是当会议以高级别或经历丰富的人为中心进行，那么会议推进较为容易；如果是多个部门或小组同时开会，甚至很难找到开会的线下会议室。最后，由于与会者要自行记录会议内容，难免会发生错误。即使有专门的记录人员进行会议记录，记录内容的准确性也不一定能得到保证。

与此相反，线上视频会议不需要物理会议室空间，开会时所有人不需要同处在一个物理空间中，只要在各自所在的位置远程参与即可。因为与会者都各自在单独的空间里参加会议，所以不会受到他人的干涉或妨碍，可以只盯着画面，提高注意力。同时，在会议过程中与身边人的闲聊也将不再存在。

线上会议的缺点是与会者们不能近距离交流感情，因此亲近感和归属感较低。由于无法直接面对面交流，领导者很难顺利推进会议，也很难引导与会者参与讨论。线上会议很难实现线下会议中的自由讨论，而且领导者的建导能力将对会议结果产生巨大影响。比起线下会议，更容易发生没有得出结论就结束会议的状况。而且线上会议受设备和通信状态的影响很大，也很难通过与周围人的小组讨论发现意外的创意。

比起线下会议，线上会议在自由说出想法或创意并进行交流方面存在一定局限性，与会者之间无法顺利地实现交互并投入会议过程。要想克服这些问题，必须在线上视频会议中使用"开放讨论的运行原则"。

下面是笔者开创的"开放讨论的7个基本规则"。

开放讨论的7个基本规则

① 彼此的想法和意见不一致是非常正常的，这并不是问题。如果彼此的想法都相同或相似，那才是非常严重的问题。应换个角度思考问题。

② 对方的想法没有错，只是和自己不同。承认彼此的不同。

③ 向对方提问不是质疑或指责，而是要了解对方的想法，学习与自己不同的观点。刺激并发散思维，提出具有挑战性的问题。

④ 不管是什么问题，不要犹豫，直接向对方提问，然后仔细听完对方的回答。

⑤ 提问也有好坏，通过练习提高问题的质量。不断练习和发展，提出更好的问题。

⑥ 不要在理解吸收对方的想法后，完全按照对方的想法进行思考。要把它作为杠杆，联系自己的想法，二者融合，创造只属于自己的想法和创意。

⑦ 尊重、关注并聆听对方的建议，从中发现与自己不同的东西。

05　非面对面的沟通领导力

时代正在飞速变化，我们承受着不断快速适应这种变化的压力，特别是组织或团队的领导者比任何人都应该更快地进行改变，迎来第四次工业革命，需要主导变化、引领创新，切实变化领导力。尽早到达成功的目的地并不是最好的选择。在到达目的地的旅途中，领导者还要有体验自己想去的地方或想看事物的计划。

与人生或生活相关的各种主题和领域是实现成功或梦想必需的因素。成功的领导者了解并践行了这一规律和原理，找到了自己真正想做的事情，并不断取得好的成果。为了成功或实现梦想，必须不断进行自我提升，并了解其中的规律或原理。

特别是非面对面时代需要的沟通方法和领导能力与以往有所不同，那么下面让我们来了解一下。

长远规划与目标的重要性

长远规划与目标的核心相同，为了实现想要的东西，必须精准地找到核心，因此，人生的目标也需要准确、清晰地确立。自己的目标就是如何接受现在摆在面前的事情，判断应该采取什么行动的标准。如果没有目标，就没有判断事理的标准或一贯性，判断和行动也将会出现问题。

第 7 章 Develop：开发实现元宇宙的力量

应该如何有效地制订长远规划和目标呢？一定要抛弃幻想，对必须实现的目标，不能有任何模糊不清。那么就根据下面八个条件来制订长远规划和目标吧：

1. 必须能够具体表达出来

单纯地"想获得成功"或"想成为富翁"这样模糊的目标实现可能性很小，目标应该具体确定到"3 年后将在自己的领域成为最高专家""2 年内取得专业资格证""5 年内攒下 10 亿韩元"等。只有这样，才能在脑海中描绘出目标的清晰形象，从而点燃对目标的热情。

2. 必须能够衡量

设立的目标应该能够测定、衡量其完成程度。

一个无法确定完成度的目标在从开始到结束整个过程中，人们无从得知自己现在处在什么位置，那样就很难振奋精神。举例来说，如果设定 5 年内攒下 10 亿韩元的目标，那么第 1 年攒下 1 亿韩元，第二年 2 亿韩元，第三年 4 亿韩元，第四年 7 亿韩元，第五年一共攒下 10 亿韩元，目标应该像这样能够清楚地进行衡量。

3. 必须以行动为中心

单纯地在脑海中想象的目标是绝对不可能实现的，目标必须付诸行动加以实现。不是明天，而是现在就能马上行动起来。

例如，"今后的目标是成为更有能力的人"这样的目标只是在脑海中描绘的东西，没有任何实际的行动，所以很难实现。因此，要把目标变为具体的事情，如"将在 6 个月内提高几分的语言分数"。只有这样，才能为了提高语言实力，决定每天学习几个小时，并付诸行动。

4. 要现实

过于理想或只是幻想出来的目标是无法实现的，目标必须是现实中能够实现的。忽视自己的状况和能力，制定过大的目标，是脱离现实的，在实现目标的过程中也容易产生疲劳而中途放弃。但即便如此，那些只要付出一点努力就能轻易实现的目标也是不可取的。

5. 制订时间计划，必须合理进行调节

要根据时间制订正确的行动计划和成就计划。如果安排的时间过于不合理，被时间逼迫得很紧，那么目标意识就会下降，最终也就很容易放弃。过于紧迫的日程在一开始计划时，可能自信满满地认为自己完全能够实现，但如果遭遇到未曾预料的意外情况或突发状况时，整个日程就会瞬间崩溃。

6. 要激励

自己制定的目标，要成为直接行动、向着目标前进的动力。即使您设定了一个一个好目标，但是如果不能实现自己真正想要和一定要取得的结果，那么这个目标就是没有意义的。

例如，虽然确定了整个团队的目标，但如果无法理解这个目标与自己有什么关系、为什么要做等问题，就无法对实现这个目标产生热情，这样一来目标也很难实现。因此，领导者只有让所有成员充分了解目标，并激励成员们实现目标，才能朝着共同的目标迈进。

7. 一定要写成文字

目标不能只停留在语言或脑海里，一定要用文字正确地表达出来。要能经常看得见，将其随身携带，随时看。只有这样，才能拥有朝向目标的信念、坚定与耐心。

8. 每天大声读两次

不能只用眼睛看着设定的目标，要用嘴巴大声朗读。用眼睛看着，发出声音将其读出来，耳朵就能听得见，这样就能成为视听记忆。通过这样不断反复，目标不仅在意识世界，而且在无意识的记忆中都留下印记，这样一来就获得了强大的动机和推动力。

领导者的必备技能：创造性的沟通技巧

通过一般的对话很难了解对方的内心，因此为了深入对话需要特别的谈话技巧。首先要进行坦率、真实、感性的交流。为了引出对方的故事，最好先讲自己的故事。那么，对方也会放下防御姿态，开始进行心灵对话。

谈话要有诚意和热情。只有全身心投入的谈话才能让对方感动，迫不得已的对话则无法做到。倾听对方的同时，不时表示同意是非常重要的。表示同意意味着正在倾听并认可对方说的话，对方也会更加努力地投入对话中。倾听对方的话，就能准确掌握对方的关切和要求，提高说服力，可以使对话更加顺利、有效且愉快。

对话除了有交换信息和知识的作用外，其本身就能让人感受到快乐和乐趣，并创造出说服或同意等生产性结果。但如果在对话中给对方带来反抗心理或不愉快，虽然在争论中能够战胜对方，但绝不会获得有利于所有人的结果。

本杰明·富兰克林（Benjamin Franklin）也开创了专属于自己的谈话方法，取得了很大的效果。他喜欢用苏格拉底式的对话法，这种对话方法不是打断并反对别人的意见或独断专行地推行自己的意见，而是一种谦虚地询问对方的意见并提出疑问的方式。

成功沟通的秘诀：

（1）把自己的想法坦率、明确地说出来；

（2）关注多个领域，拓宽知识和信息的范围；

（3）带着热情，积极投入对话；

（4）不要只自说自话，还要聆听对方的声音；

（5）通过提问提高谈话的集中度；

（6）理解对方的立场；

（7）使对话更加有趣、幽默。

领导者追求的 21 世纪个人魅力

我们常常使用"很有个人魅力"来形容一个人。这里所说的个人魅力是什么呢？

个人魅力可以说是一种与其他人发生因果关系，并对他们产生影响力的能力。即使对方不了解你，只要对你有好感或被你所吸引，就会认为你非常具有个人魅力。虽然个人魅力与领导能力可以用在同一情境下，但个人魅力比领导能力更强大，可以说是让对方无法拒绝的力量或能力。例如,领导能力只有通过展示自己的能力或力量才能获得,但个人魅力是一种虽然没有具体的表现,却能吸引他人的力量。

对别人的影响力主要分为两种:一种是地位和权威给予的地位影响力,另一种则是通过人格和激励带来的人格影响力。可以说,个人魅力和领导能力更接近人格影响力。但如果无视对方,个人魅力也无法发挥出来。需要有能够让对方自愿参与的能力,而非强迫对方参与。个人魅力与领导能力一样,后天努力比先天天赋对其影响更大,可以通过后天努力提高。

真正的个人魅力只有在智力、多种技术、实践和行动力等所有条件相互协调的情况下才能实现。仅仅依靠地位或权力带来的领袖魅力是有限的,只有兼备多种能力,个人魅力才能发挥出最好的效果。只要创造出独属于自己的极具特色的个人魅力,就能增强自己的力量。

形成个人魅力的因素有很多。其中的核心可以概括为下面七种:

(1)沉默能力

(2)表达能力(演讲能力)

(3)倾听能力

下面这些技术有利于提高倾听能力:

① 把精力集中于对方;

② 尽量减少分散在周围的干扰;

③ 把心情平静下来;

④ 有意识地倾听;

⑤ 为确认对方讲话的内容提出问题;

⑥ 与对方进行眼神交流,并点头致意;

⑦ 简要地记录一些必要内容。

（4）说服能力

下面是说服方法的四个步骤：

① 确认对方的需求、目标和需要

能够确认各自需求差异的最佳方法就是提问。通过对方的回答可以确认对方的需求，同时根据对方提出的问题，也能够进一步加以了解。向对方提问需要很多技巧，根据情况和处境所需的技巧不同。

② 一起制订解决方案

应该和对方一起寻找解决方案，而不能让对方感觉我们是在强迫对方解决。例如，我们可以和对方一起发掘各种解决方案，询问对方的意见，并确认对方最关心的是什么。

③ 协商实施计划，并一起执行

让对方一起参与实施计划，并将其中一部分的主导权交给对方。

④ 确认计划推进情况，并检查和测定结果

随时确定工作的推进状态，如发生问题，可以一起寻找解决方案或提供帮助。确认对方对结果的意见或想法。

（5）利用空间和时间的能力

在进行演讲或叙述长期规划时，要最大限度地利用空间和时间，将传达能力发挥到极致。

（6）了解并适应对方的能力

（7）制订长远规划的能力

引领变化的领导者和领导力

领导者不仅要对一个组织或团队的命运负责，还肩负着对这个团队所有人的人生负责的重任。如果一个领导者连自己的责任和义务都难以履行，往往他所领导的组织和团队也将以失败告终。领导者不是一个只凭借野心或欲望就能胜任的位置，一个好的领导者必须具备履行领导职责和使命的素质和能力。那么，在领导者应该具备的领导力当中，都有哪些素质和能力呢？

（1）一直改变自己

社会和环境日新月异，因此适应社会和环境所需的条件也在不断发生变化。为了主观能动地应对这种变化，带领团队朝着正确的方向前进，领导者应该不断改变自己。不能一直改变、发展自己的领导者，其领导生涯将极为短暂，且会将团队带入深渊。

（2）制订长远规划，并与团队成员分享

制订并明确提出团队的长远规划。长远规划是所有成员一起实现的共同目标，所有人都需要知道这一规划。因此，领导者不应只是单纯地提出规划，更应该向团队成员公开，成员也应该将团队的长远规划视为自己的目标。只有这样才能进行团队合作，激发热情。即使领导者拥有超凡卓越的实力，如果没有成员们共同的参与和合作，仅靠一个人也无法实现团队的长远规划。

（3）抱着开放的思想和心态

领导者不可能光靠自己了解外部情况的变化，收集信息并制定创意。在现代社会这样多变复杂的环境下，领导者的独断专行有可能将团队引向错误的方向，因此需要聆听成员们的意见和想法，接受他们的建议。得到的信息和创意越多，领导者就越有可能做出明智的判断。只有给团队营造一个自由交换意见或提出建议的氛围，才能激发成员们主动推进工作的热情，提高其工作能力。

（4）构建一个有创意的学习共同体

变化的环境不仅需要知识和信息，还需要新的力量。要想持续掌握新的力量或信息，学习是必需的。只有基于不断的学习，才能培养创造力。因此，领导者应该在团队内打造学习的文化与氛围，在学习的文化中培养核心人才，提高创意性和解决问题的能力，增强团队的创新能力。美国通用电气 GE 从二流大企业转变为全世界最优秀企业之一的动力之一，就是全体员工的"学习组织文化"。

（5）制定清晰明确的制度

带领团队的运营原则或奖惩规定必须明确、公正、具有一贯性。只有这样，成员们才会重视制度，工作当中才不会出现混乱。根据领导者个人的心情或亲近程度所带来的不公正会导致团队的崩溃。有时，无论多么重要或有能力的人才，只要违背原则，就应该按照规定进行处罚或从团队中除名。

（6）树立一个模范形象

领导者在所有事情上都要以身作则，做出表率，只有这样成员们才会积极配合。不仅是团体生活，在个人生活中也要做出表率，这样才能得到尊敬和信任。如果只有口头上的指示，言行不一致，那这只是单纯的老板，而不是一个真正的领导者。

（7）表现出热情和信心

必须表现出一定能够实现目标的信心和热情。如果领导者不表现出对实现目标的信心和热情，那么成员会怎么样呢？不仅是团队内部，在与外部人士的关系上也要一直保持着这种热情和信心。

（8）要有决断力和忍耐力

在危急时刻来临时，领导者要站在十字路口做出重要决定。这时如果领导者感到迷茫或犹豫不决，成员们就会大为动摇和感到不安。在做决断的那一刻，需要以冷静的判断力作为指导。即使出现干扰或遇到挫折的瞬间，也要有着决不放弃的忍耐力。如果领导者有着顽强的毅力，展现出必须实现最终目标的意志，那么队员们也会更加奋发向上，团结一心。

（9）利用称赞和鼓励

实现目标的道路漫长且枯燥，要给予成员们一定的称赞和鼓励，提高他们的士气，给予他们向前的动力。对表现优秀的成员公开表示赞许，激起对方更大的工作热情。这样一来，其他同事也同时被激发出了想挑战的欲望。

（10）注意健康管理

领导者的热情、能量和向前推进力是从健康开始的。不仅要注意身体健康，还要时刻注意管理精神健康，不能用虚弱的身体和内心来负担整个团队的命运。团队成员的健康也非常重要。只有所有人都健康，才能发挥出最理想的能力和效率，所以领导者要树立榜样，随时照顾团队成员的健康。

另外，很多人认为自己是领导者或希望成为领导者，但却没能真正成为一名领导者。我们一定要知道到底是什么阻碍我们成为一名真正的领导者。

下面整理了八条没能成为真正领导者的失败原因：

① 只思考自己了解的东西，而不亲自实践的领导者；

② 缺乏组织能力的领导者；

③ 生活和行为放纵的领导者；

④ 不会处理棘手问题的领导者；

⑤ 缺乏创意和想象力的领导者；

⑥ 自私的领导者；

⑦ 不培养人才的领导者；

⑧ 权威意识强的领导者。

提高价值的自我提升

如果想做自己喜欢的事情，并在那个领域取得成功，一定要进行自我提升。要进一步提高自身的能力和力量，拥有比别人更强的竞争力，接受并学习自己没有的能力，至少要保持与别人同样的竞争力。

学习并掌握新事物，不仅仅是在学生时代才要做的事情，在社会生活中也是必不可少的。现在是比学生时代更加激烈、需要不断努力的时代。在社会生活中，越来越多的人利用凌晨或晚上的时间进行自我提升，周末则学习自己需要的知识并弥补不足。如果说学生时代的教育是来自他人意愿的被动学习，那么成人后的教育则是出于自愿的主动学习。因为是为了自己的生活，所以学习也更加有干劲。比起过去看重学历或实力，在未来社会，一个人现在拥有的能力将作为更加重要的价值尺度。

以下八种能力，能帮助大家在各自的领域取得更好的成果，有助于实现梦想：

① 博识；

② 分析能力；

③ 信息加工能力；

④ 判断力；

⑤ 解决问题的能力；

⑥ 视觉化能力；

⑦ 传达能力；

⑧ 交际能力。

领导者激发团队成员热情的激励能力

领导者的作用是正确领导组织或团队，激励并不是依靠领导者的命令或指示给予的。激励是最大限度给予团队成员能够胜任的机会和做决断的权力，最大限度地支持他们实现目标。要想不断激励对方，就要在推进工作的同时，引导对方不断成长，不断实现自我发展。

通过心理学可以理解为什么激励的话可以让看起来不可能的事情变成可能。因为激励是马斯洛所说的人类需求的第四个阶段，即"得到认可和尊敬"和最高阶段，即"对自我实现或成功的欲望"。

人类的欲望大体相同，但各自的梦想和目标却各有差别。刺激他们实现各自追求的梦想和目标，激发热情和实现自我的欲望，这就是激励。激励的顺序和方法是这样的：

（1）提出远景目标，设定共同目标

提出远景目标或共同目标，激发成员的热情，让他们拥有信心和自信。为了实现远景目标，分工实施具体的实践计划，分享创意。

（2）带着信任和关心

对个人的作用和目标表现出信任，关心他们所做的工作，让他们更加自信，带着积极的心态和态度来实现目标。

（3）让彼此合作

在社会生活中，几乎没有一个人单独能完成的事情，要进行分工协作，培养各自的优点，互相弥补对方的缺点和不足，一起实现共同的目标。成员之间的合作可以互相激励，激发善意的良性竞争。

（4）克服障碍

在推进工作的过程中，会出现困难和障碍，每个人的问题也会显现出来。在这种情况下，需要将危机转变为机会的创意和智慧。因此，要鼓励和支持对方克服所面临的难关，倾听对方所面临的困难或问题，并提出建议，提高士气。

（5）经常一起庆祝

实现远景目标或共同目标的道路漫长且艰难，因此有必要一起庆祝和认可中间取得的一些成就。这能给所有人都带来动力、团结和热情。

有一个永远的真理——黄金法则："如果你能帮助别人得到想要的东西，你就能从人生中得到你想要的一切。"激励也和这个法则一样。只要刺激、鼓励和支持他们，使成员们得到他们想要的东西，那么最终领导者就会得到自己想要的一切。

下面是四种激励的手段：

① 经济（物质）补偿；

② 使命感；

③ 信赖和信任；

④ 称赞。

称赞能鼓舞对方，使对方增强希望和自信，并迎接新的挑战。称赞能够激励自己所做的事情，激发热情和创意。称赞最好在大众面前公开进行，或者以书面形式表达。举行庆祝活动进行纪念也很重要。

"我为你感到骄傲。"

"我相信你。"

"期待取得更好的结果。"

"你做了一件了不起的事。"

"你的作用和才干为我们团队的成功做出了巨大贡献。"

"我们都很感谢你的辛苦付出和献身精神。"

"任何难关和障碍都无法战胜你的热情和能力。"